영어학자의 눈에 비친 **한국어의 힘**

저자 김미경(金美慶, Kim Mikyung)은 이화여대 영문과를 졸업하고, 서강대에서 박사학위를 받은 후,
미국의 University of California San Diego, University of Maryland, University of California Berkeley에
서 수학했으며, 현재 대덕대 교양과 교수로 재직하고 있다. 저서로『대한민국 대표 브랜드 한글』(2006),
『Plain English 쉬운 영어』(2009)가 있으며, '한밭칼럼'(『대전일보』)에 고정 칼럼 기고, 〈명사들의 책읽
기〉(KBS 제1라디오) 출연 등을 통해, 영어 열풍으로 약해져가는 한글과 한국어의 역할 수호에 힘쓰고
있다.

영어학을 전공한 저자는 한글의 우수성을 영어학자의 관점에서 새롭게 조명한『대한민국 대표 브랜드
한글』을 출판, 2007년 문화관광부 우수학술도서로 선정되었다. 저자는 세상을 바꾼 정보혁명의 도구였
던 문자, 인쇄술, 그리고 인터넷과 한글이 얽혀있는 역동적인 관계를 새로운 관점에서 조명하여, 독자들
로부터 큰 호응을 받은 바 있다.『한글』에 이은 후속 저서인『한국어의 힘』에서 한국어를 민족어의 관점
에서 바라보던 과거지향적인 시각에서 벗어나, 모어로서의 한국어와 공식어로서의 한국어의 숨은 힘에
주목한다.

영어학자의 눈에 비친 한국어의 힘

초판 1쇄 발행 2011년 10월 5일 **초판 2쇄 발행** 2012년 9월 10일
저자 김미경 **펴낸이** 박성모 **펴낸곳** 소명출판 **출판등록** 제13-522호
주소 서울시 서초구 서초동 1621-18 란빌딩 1층
전화 02-585-7840 **팩스** 02-585-7848 **전자우편** somyong@korea.com **홈페이지** www.somyong.co.kr

값 15,000원
ⓒ 2011, 김미경
ISBN 978-89-5626-621-3 03700

영어학자의 눈에 비친

한국어의 힘

The Secret Power of Korean Language

김미경 지음

소명출판

아메리카 인디언 대릴 베이브 윌슨은 이렇게 말했다.
"이 세상에서 살아남으려면 백인들의 말을 알아야 한다.
그러나 영원히 살아남으려면 우리말을 알아야만 한다."

−『사라져 가는 목소리들』 중에서−

'한국어'와 '영어'가 나란히 놓이면, 한국인들의 마음속엔 갈등과 긴장감이 떠오른다. 영어학자가 한글이나 한국어에 대해 책을 쓰면, 신기하고 어색하게 느끼는 것도 그 때문이다. 5년 전에 필자가 한글에 대한 책을 냈을 때, 가장 먼저 받는 질문은 영어학자가 왜 한글에 관심을 가지냐는 것이었다. 한국어와 영어는 양자택일의 문제가 아니라는 것을 알면서도 이런 질문과 갈등이 끊이지 않는 이유는 한글과 한국어의 역할에 대한 이해 부족 때문이다.

얼마 전 대학생 2백 명에게 '영어'와 '한국어'라는 단어를 듣자마자 떠오르는 생각이 무엇인가를 질문했다. 학생들은 '영어' 하면 '취업, 가산점, 필수, 원어민, 회화, 세계어, 문법, 언어장애, 어렵다, 잘하고 싶다'를 떠올렸다. 반면에 '한국어' 하면, '세종대왕, 훈민정음, 과학적, 세계 최고, 맞춤법, 받침, 미수다, 모국어, 쉽다, 졸리다'가 떠오른다고 했다.

이 대답을 살피면서 요즘의 젊은이들이 영어와 한국어에 대해 어떤 생각을 가지고 있는지, 두 가지를 확인할 수 있었다. 하나는 한국어에 대한 우리의 인식이 얼마나 빈약한 것인가 하는 것이었다. 한국어 하면 맞춤법과 받침이 생각난다는 학생의 대답은 중·고등학교 국어시간을 떠올리게 했다. 그럴 수도 있었겠다고 생각되면서도,

우리 국어 교육의 초라한 현실을 적나라하게 고발하는 것처럼 느껴져서 부끄러웠다. 다른 하나는 젊은이들이 '한국어'를 '민족의 언어'라고 생각하는 기성세대의 관념에서 이미 벗어났다는 것이었다. 나는 학생들이 한국어라는 단어를 듣고, '독립운동, 민족, 전통, 애국' 등을 떠올릴 것이라고 예상했었다. 그러나 2백 명의 학생 중에 그런 생각을 하는 사람은 없었다.

우리는 한국어가 중요하다는 것을 직감적으로 알고 있다. 그런데 왜 중요한가를 설명하기는 쉽지 않다. 우리가 국어시간에 받은 교육으로 일제 강점기에 민족운동의 구심점으로서의 한국어의 역할이 선명할 뿐이다. 그러나 21세기 세계화 시대에 19세기 민족주의의 관점에서 한국어의 중요성을 설명하는 제한된 시각으로는 우리와 우리의 젊은이들을 설득시킬 수 없다.

한국어가 중요한 것은 알겠는데 왜 중요한지를 설명할 수 없어서, 한국어를 지키지 못하는 답답함, 이것이 한국어에 대해 한국인들이 느끼는 스트레스이다. 또한 지나친 영어 프리미엄과 과열된 영어교육에 대해 잘못되긴 했는데, 무엇이 잘못인지 꼭 집어 말할 수 없고, 그래서 잘못인 줄 알면서도 따라가야 하는 답답함, 이것이 영어에 대해 한국인들이 느끼는 또 하나의 스트레스이다.

이 책은 두 문제에 대해 똑같은 답답함을 느꼈던 필자가 그 답을 찾는 과정이었다. 5년 전 한글에 대한 영어학자의 생각에 깊이 공감하는 독자들을 통해 한국인들이 객관성과 보편성에 근거한 자기 긍정에 얼마나 목말라하는지를 볼 수 있었다. 한국인들은 우리의 것이니까 무조건 최고라는 자기도취가 아니라, 세상 모두가 인정하는 객관적인 기준에서 왜 한글이 최고의 문자인지, 왜 한국어가 중요한지 알고 싶어한다.

이 책은 다음과 같은 질문에 대한 답을 찾고자 하는 독자들을 위한 책이다.

첫째, "한국어가 한국인에게 왜 중요한가?"

둘째, "누가 강요하지 않는데, 왜 우리는 점점 더 영어에 종속되고 있는가?"

셋째, "한국인을 위한 한국어 교육과 영어 교육의 올바른 방향은 무엇인가?"

이 책이 위와 같은 질문을 가진 독자들이 답을 찾는 데 조금이나마 도움이 될 수 있기를 바란다. 그리고 한국어의 숨은 힘에 대한 바른 이해가 우리 사회의 과장된 영어 프리미엄을 정상화시키는 밑거름이 될 수 있기를 희망한다. 출판제안서를 보자마자 책의 출간을 흔쾌히 허락해주신 소명출판의 박성모 대표님과 촉박한 출판 작업 기간도 마다않고 많은 도움을 주신 공홍 편집장님께 깊은 감사를 드린다. 아울러 교정 작업을 통해 책을 다듬어준 강지수에게도 깊은 고마움을 표한다. 마지막으로 김도경 박사와 부모님과 함께 출간의 기쁨을 나누고 싶다.

2011년 9월
대덕밸리 연구실에서
김미경

글을 시작하며

한국의 주요 일간 신문들이 완전한 한글 전용을 이룬 것이 1998년이었다. 그때 만난 일본 교수가 한글 신문을 보면서, 한국은 정말 무서운 나라라고 했었다. 일본은 우리보다 훨씬 먼저인 130년 전부터 한자 문제를 고민해 왔다. 그러나 아직도 한자의 굴레에서 벗어나지 못하고 있다. 한글 전용에 놀란 그 일본 교수는 두 가지에 감탄했다. 하나는 한글의 우수성이었고, 다른 하나는 2천 년 한자 문화의 무게를 단숨에 극복한 한국인들의 추진력과 젊음이었다.

최근 4~5년간 한글은 발명된 이래 최상의 대접을 받고 있다. 한글의 과학적인 원리에 대한 칭송에서부터 한글의 세계화를 향한 활약까지, 한글날이 돌아오면 한글과 관련된 기념행사와 방송사의 특집 프로그램들이 온 나라를 가득 채운다. 이러한 현상은 외국 학자의 눈에 '문자 민족주의(script nationalism)'로 비추어질 만큼 한글에 대한 예찬은 과열되어 있다. 그러나 아직까지 한글에 대한 이야기가 끝나지 않은 이유는 한국인들이 민족주의에서 벗어나지 못했기 때문이 아니다. 이는 한국인들이 감정적이거나 배타적인 혹은 자기중심적인 자존심 때문이 아니라, 객관적인 사실에 근거한 자긍심을 찾고 싶어하기 때문이다. 5년 전 한글에 대한 책을 내놓았을 때, 독자들이 주목했던 것은 우리의 것이니까 최고라는 민족주의적 우월감이 아니라, 한글의 민주성과 생명력이라는 관점에서 한글의 우수성을 바로 볼 수 있다는 점이었다.

5백 년 동안 갈등하다 10년 전 겨우 끝난 한글과 한자 사이의 갈등에 또 다른 갈등이 끼어들었다. 한국어의 민주성을 강조하는 한국어 전용론자와 영어의 국제성을 강조하는 영어 공용론자의 갈등이다. 우리는 한국어와 영어가 양자택일의 문제가 아니라는 점을 잘 알고 있다. 또한 한국어와 영어가 모두 중요하며 서로 상생관계에 놓여야 한다는 것도 알고 있다. 그런데도 한국어와 영어의 문제가 화두로 떠오르면 결국 감정적인 대립으로 마무리되곤 한다. 언어 문제가 결코 감정적인 문제가 아님에도 불구하고 언어 문제가 대두되면 이렇게 감정적으로 흐르게 되는 데는 두 가지 이유가 있다. 하나는 일제 강점기에 겪었던 언어 탄압에 대한 기억 때문이고, 다른 하나는 언어 문제의 핵심이 무엇인지에 대한 이해가 부족하기 때문이다. 정보화에 관한 한 세계의 첨단을 걸어온 한국인들은 정보화 시대에 언어가 얼마나 중요한지를 본능적으로 알고 있다. 그러나 본능적인 직감을 넘어서 언어의 기능과 언어가 가지는 힘에 대한 구체적인 이해는 없다.

한국어와 영어 사이에서 지금 우리가 겪고 있는 혼돈은 한국어와 영어에 대한 몇 가지 오해에서부터 비롯된다. 그중에서 가장 큰 오해는 우리가 역사 이래 언제나 단일언어를 사용해 온 단일민족이라는 생각이다. 물론 우리가 단일민족인 것은 맞지만 단일언어 사회를 유지해 온 역사는 그리 길지 않다. 1948년 대한민국 수립 이전까지

영어학자의 눈에 비친 **한국어의 힘**

한반도는 언제나 공식어와 생활어가 다른 이중언어 사회였다. 역사 기록이 있은 이후로 한반도는 최소한 세 번의 이중언어 시대를 겪었다. 그리고 이 시기 내내 법적 효력을 가지는 공식어는 언제나 외국어(중국어, 일본어, 영어)였으며, 한국어는 생활어의 역할만 담당했다.

해방 이후 60년이라는 짧은 기간 동안 한국인들은 모어인 한국어를 공식어로 채택하고, 역사 이래 처음으로 단일언어 사회를 이루었다. 그리고 그 한국어의 힘으로 이루어낸 정보의 민주화는 세계 언어사에서 기적에 가까운 일이었다. 인류의 언어 역사에서 2천 년 이상 제국 언어의 지배를 받았던 민중이 모어를 공식어로 채택하여, 오늘날의 한국인들처럼 민중의 교육과 정보의 민주화에 활발하게 활용하는 예는 없다. 이는 2천 년 동안 종교 언어로만 남아 있던 유대인의 히브리어가 살아남아 오늘날 이스라엘의 국어로 사용되고 있다는 사실보다 더 놀라운 사건이다. 바로 이러한 점이 우리가 기억해야 하는 한국어의 힘이다. 그러나 전 세계의 어떤 나라도 하지 못했던 언어 혁명을 스스로 이루어 놓고도 한국어를 민족어로 한정하는 방어적이고도 과거지향적인 시야에서 벗어나지 못하는 것이 한국인의 한계였다.

이중언어 사회에서 문제의 핵심은 민중이 사용하는 생활어가 무엇인가에 있지 않으며, 명목상의 국어가 무엇인가에 있지도 않다. 문제의 핵심은 교육과 언론 나아가 행정에까지 사용되는 실질적인 힘을 가진 공식어가 무엇이냐에 있다. 우리가 2천 년 동안 단일언어 사회였다고 잘못 생각하는 동안 우리는 크게 두 가지 오류를 범했다. 하나는 공식어와 생활어를 구분하여 생각하지 않음으로써, 지난 60년간 한국어가 공식어로서 발휘한 한국어의 힘을 제대로 이해하지 못하고 있다는 점이다. 다른 하나는 지금까지 단일언어 사회였으니 이제 이중언어 사회로 전환해도 된다고 방심하고, 한국어의 공식어 자리를 영어에 내어주기 시작했다는 것이다.

『한국어의 힘』의 주제는 두 가지이다. 첫째는 민중의 모어로서 한국어가 가진 힘에 대한 재인식이다. 지금까지 많은 사람들이 한국어의 역할을 '민족어'로 제한하는 편중된 시각에서 벗어나지 못하고 있다. 이 책은 한국인에게 한국어가 중요한 이유는 한국어가 민중의 모어이기 때문이며, 민중의 모어가 공식어로 사용되고 있기 때문임에 주목한다. 두 번째 주제는 영어 확장으로 한국 사회에서 깨져가는 한국어와 영어 사이의 힘의 균형을 언어 제국주의 시각에서 조명하여, 영어로 위협 받는 한국어의 위기를 확인하고, 영어와의 갈등 관계에서 한국어가 나아가야 할 방향을 탐색하는 것이다.

우리 삶 대부분의 영역에서 그러하듯이 우리가 언어 문제로 겪고 있는 갈등은 문제의 핵심에 대한 이해의 부족에서 오는 것이다. 지금은 언어 문제의 핵심에 대한 이해가 필요한 시점이다. 모국어로서 한국어의 힘에 대한 이해와 언어 제국주의의 권력성에 대한 직시는 한국어를 살리고, 한국어와 함께하는 세계화를 이끄는 원동력이 될 것이다.

제1장
한국어의 정체성

66

'국어'라는 단어를 들으면, 대부분의 한국인은 반사적으로 '민족, 애국심, 일제시대, 독립운동'과 같은 단어들을 떠올린다. 반면에 '영어'라는 단어를 들으면, '미국, 세계어, 취업, 돈, 성공'과 같은 단어들을 떠올린다. 일제 강점기 동안 우리가 조선어를 중심으로 단결하고 투쟁했던 것이 사실이며, 민족어가 민족 공동체를 묶어주는 구심점 역할을 했던 것도 사실이다. 또 현재 우리 사회에서 영어가 대학 입학, 대기업 취직, 세계와의 경쟁에서 중요한 도구가 되고, 부와 성공의 수단이 되는 것도 사실이다. 그러나 국어는 '민족공동체용'이고, 영어는 '세계화와 성공용'이라는 이분법은 언어의 본질에 대한 이해의 부족에서 나오는 편벽된 소견이다.

한국어나 영어는 어느 민족의 민족어이기 이전에 누군가의 '모어'이며, 그 '모어'가 가지는 핵심적인 기능은 동일하다. 모든 인간은 자신의 '모어'로 생각하고, 상상하고, 창조한다. 번득이는 영감이 떠오를 때 혹은 신기한 아이디어가 떠오를 때, 그 영감이나 아이디어를 순간적으로 포착하는 것도, 또 그 아이디어를 새로운 방향으로 발전시키고 창의적인 결과물로 구상하는 데에도 모두 '모어'를 사용한다.

또한 한국어나 영어는 어떤 집단의 민족어이기 이전에 한 국가의 공식어로서 국민의 법적인 권리를 보장하고 교육의 도구로 활용되며, 모든 국민의 정보 공유를 지원하는 정보교환의 도구이다. 지난 60년 동안 한국의 비약적인 발전이 가능했던 이유도 민중의 모어인 한국어를 공식어로 활용했기 때문이다.

이제 민족어로서의 한국어에서 벗어나 모어로서의 한국어와 공식어로서의 한국어의 힘을 이해하고 논의해야 할 시점이다.

"

1 역사 이래 단일언어 사회였다는 오해

많은 사람들이 한국어에 대해 가지고 있는 가장 큰 오해는 우리가 역사 이래 단일언어를 사용해 온 단일민족이라는 생각이다. 우리가 단일 민족인 것은 맞다. 그러나 단일언어 사회를 유지해 온 역사는 그리 길지 않다. 역사 기록이 있은 이후로 한반도는 최소한 세 번의 이중언어 시대를 겪었다. 조선시대와 일제 강점기를 거쳐 오늘의 영어 시대에 이르기까지 한국어 위에는 언제나 제국의 언어가 자리 잡고 있었다.

1945년 해방 당시 맥아더의 포고문은 미국 군정 기간 동안의 공식어가 영어라고 규정했다. 그 이전인 일제 강점기에는 일본어가 법적인 효력을 가지는 공식어였다. 그리고 그 이전의 공식어는 중국어였다. 1948년 대한민국 수립 이전까지 한반도는 공식어와 생활어가 분리된 이중언어 사회였다. 한반도가 단일언어 사회가 된 것은 1948년 이후이며, 공식어와 생활어가 하나로 통합된 것은 63년 전이 처음이었다.

태평양 미국육군 총사령부 포고 제1호

1945년 9월 7일 당시 태평양 총사령관이었던 맥아더 장군에 의해 포고된 '태평양 미국육군 총사령부 포고 제1호의 5조'는 다음과 같이 명시하고 있다.

제5조 군정 기간 중 영어를 모든 목적에 사용하는 공용어로 한다. 영어와 조선어 또는 일본어 사이의 해석 또는 정의가 불명확하거나 일치하지 않을 때는 영어 원문을 기본으로 한다.

이 포고문은 한국어, 일본어, 영어의 세 가지 언어로 작성되어, 맥아더가 한국에 입성하기 전날(1945.9.8) 남한에 삐라로 뿌려졌다. 각 언어로 작성된 원본에는 다음과 같이 표기되어 있다.[1]

第五條 軍政其間中英語를가지고모一든目的에使用하는公用語로함
英語와朝鮮語또는日本語間에解釋又는定義가不明또는不同이生
한때는英語를基本으로함

第五條 軍政其間中英語ヲ以テ凡テノ目的ニ使用スル公用語トナス 英語
ト朝鮮語又ハ日本語トノ間ニ解釋又ハ定義ニシテ不明又ハ不
同ヲ生セシ場合ハ英語ヲ基本トス

ARTICLE V

For all purposes during the military control, English will be the official language. In event of any ambiguity or diversity of interpretation or definition between any English and Korean or Japanese text, the English text shall prevail.

일제 강점기에서 해방되던 당시, 일반 민중이 받은 문서는 이런 모양을 하고 있었다. 1945년 9월 이 삐라가 뿌려졌을 때 이것을 읽고 그 뜻을 해석할 수 있는 사람이 전체 한국 국민 중에서 몇 사람이나 되었을까?

---

1 포고문 원본은 현재 국가기록원에 소장되어 있다.

영어학자의 눈에 비친 한국어의 힘

맥아더 장군의 이 포고문은 한반도에서의 제국 언어 역사를 한 장으로 요약해주는 상징적인 문서이다. 역사 이래 1945년까지 민중의 재산과 권리를 보장하고, 의무를 규정하는 공문서는 언제나 이런 모습을 하고 있었다. 한국어만 할 줄 알고, 중국어(한문)나 일본어 혹은 영어를 모르는 일반 민중은 자신의 재산과 권리가 무엇인지 정확히 알 수도 없고 지킬 수도 없었다.

오늘의 한국인들은 무의식중에 자신들이 조상 대대로 언제나 단일언어 사회에서 살았다고 생각한다. 그러나 현실은 그렇지 않았다. 물론 수천 년 동안 한국인의 모어는 한국어였으며 생활어로 사용되어 왔다. 그러나 역사 기록이 있은 이후로 한반도에서 법적인 효력을 가지는 공식어는 언제나 외국어였다.[2] 심지어 1945년 해방 이후부터 1948년 대한민국 정부가 수립되기 전까지의 공식어는 영어였다. 생활어와 공식어가 하나로 통합된 실질적인 단일언어 사회가 된 것은 1948년 대한민국 수립 이후이다.

그 후 우리는 60년이라는 짧은 기간에 '민중의 모어'로 통합된 '단일언어 사회'라는 장점을 기반으로 기적에 가까운 경제적·정치적 발전을 이루어냈다. 그리고 그 사이 한국어로 정보를 공유하고 공식 생활을 하는 것이 숨 쉬듯 자연스럽고 당연한 것이 되어버렸다. 그

---

[2] official language는 공용어 혹은 공식어로 지칭할 수 있다. 그러나 공용어는 두 가지 뜻을 가지고 있는 다의어이다. 하나는 공식적인 언어로 법적인 효력을 가지는 언어라는 뜻으로서의 공용(公用, official)이고, 다른 하나는 두 언어를 동시에 사용한다는 뜻의 공용(共用, bi-lingual)이다. 본 글에서는 공용어가 가지는 이러한 혼동을 줄이기 위하여 인용문을 제외한 부분에서는 공식어(official language)와 공용어(bi-lingual)를 구분하여 사용할 것이다. 공식어는 행정, 입법, 사법 등의 절차, 신문 방송 등의 언론과 공교육의 현장에서 공식적으로 사용되는 언어를 말한다. 공용어는 개인이나 사회가 두 언어 이상을 동시에 사용하는 것을 뜻한다.

러나 이와 같은 익숙함이 한국어의 험난했던 역사를 잊어도 좋다는 의미는 아니다. 또한 민중의 모어로 통일된 단일언어 사회의 필요성과 그중요성을 명심하지 않아도 된다는 의미는 더욱 아니다.

한반도의 이중언어 역사에 대한 바른 이해는 우리가 왜 한국어를 지켜야 하는가를 설명해 줄 것이다. 이는 민족의 언어를 지키기 위해서가 아니라 민중의 언어를 지키기 위해서이다.

미태평양 방면 총사령부 포고 제1호(한글 번역)

미태평양 방면 총사령부 포고 제1호

조선주민에 포고함

본인은 미 태평양 총사령관으로서 조선 인민에게 다음과 같이 포고한다.

일본의 천황과 일본 정부의 이름으로, 또한 일본제국 총사령부의 명령 및 이름으로 서명된 항복 문서가 규정하는 바에 의해 본인이 지휘하는 승전군은 오늘 북위 38도선 이남의 조선영토를 점령한다.

조선 인민의 오랜 기간을 통한 노예 상태와 조선이 즉시 해방되어 독립할 것이라는 이들의 결의를 염두에 두면서, 점령의 목적은 항복 문서를 실시하고 조선인의 개인적·종교적 권리를 지키는 것이라는 점을 본인은 보증한다. 이러한 목적으로 달성하기 위해 여러분의 적극적인 협력과 복종이 요구된다.

본관은 태평양방면 미 육군총사령관으로서 본관에게 부여된 권한으로써 이에 북위 38도선 이남의 조선 및 인민에 대한 군정을 펴면서 다음과 같은 점령에 관한 조건을 포고한다.

영어학자의 눈에 비친 **한국어의 힘**

제1조 북위 38도선 이남의 조선영토와 조선인민에 대한 최고 통치권은 당분간 본관의 권한 하에 시행된다.

제2조 정부, 공공단체 및 기타의 명예직원과 고용인 또는 공익사업, 공중위생을 포함한 전 공공사업 기관에 종사하는 유급 또는 무급 직원과 고용인 그리고 기타 제반 중요한 사업에 종사하는 자는 별도의 명령이 있을 때까지 종래의 정상기능과 업무를 수행할 것이며 모든 기록 및 재산을 보호 보존하여야 한다.

제3조 모든 주민은 본관 및 본관의 권한 하에서 발포한 일체의 명령에 즉각 복종하여야 한다. 점령군에 대한 반항행위 또는 공동의 안녕을 교란하는 행위를 감행하는 자에 대해서는 가차 없이 엄벌에 처할 것이다.

제4조 주민의 재산권은 이를 존중한다. 주민은 본관의 별도 명령이 있을 때까지 일상의 직무에 종사한다.

제5조 군정 기간 중 영어를 모든 목적에 사용하는 공용어로 한다. 영어와 조선어 또는 일본어 사이의 해석 또는 정의가 불명확하거나 일치하지 않을 때는 영어 원문을 기본으로 한다.

제6조 앞으로 모든 포고, 법령, 규약, 고시, 지시 및 조례는 본관 또는 본관의 권한 하에서 발표될 것이며, 주민이 이행해야 할 사항들을 명기하게 될 것이다.

일본 요꼬하마에서 1945년 9월 7일

태평양방면 미 육군총사령관

육군대장 더글라스 맥아더

太平洋美國陸軍總司令部布告第一號

朝鮮住民에 布告함

太平洋美國陸軍最高指揮官으로서 左記와 如히 布告함

日本國天皇과 政府와 大本營을 代表하야 署名한 降伏文書의 條項에 依하야 本官 麾下의 戰勝軍은 本日北緯三十八度以南의 朝鮮地域을 占領함

그리고 本官은 朝鮮人의 久遠히 保持하여온 自由와 獨立을 切望하고 또한 朝鮮人의 奴隸化와 壓迫을 解放코자 함

日決定한 本官은 美軍占領의 目的이 降伏文書의 條項을 實行하고 또 朝鮮人의 生命과 財産을 保護하고 平和的 事業을 遂行케 할 것이 本官의 責任인 것을 確信하고

右와 如히 占領의 主要한 諸目的을 遂行하기 爲하야

本官은 本官에게 附與된 太平洋美國陸軍最高指揮官의 權限으로써 北緯三十八度以南의 朝鮮과 住民에 對하야 軍政을 設立함

一切의 目的을 爲하야 左記 布告條項을 發布함

第一條 朝鮮北緯三十八度以南의 地域과 住民에 對한 모든 行政權은 當分間 本官의 權限下에서 施行함

第二條 政府 公共團體 及 其他의 諸機關에 從事하는 職員과 雇傭人은 有給 無給을 不問하고 公衆衛生을 包含한 公共事業에 關한 諸般 職務에 從事하고 또한 一切의 財産과 記錄을 保存 保護하여야 함

本官의 命이 有할 時까지 從來의 職務에 從事함

第三條 住民은 本官 及 本官의 權限下에서 發布한 命令에 即速히 服從하여야 함

占領軍에 對하야 反抗行動을 하거나 또는 秩序保安을 攪亂하는 行爲를 하는 者는 容赦없이 嚴罰에 處함

第四條 住民의 所有權은 此를 尊重함 住民은 本官의 別命이 있을 때까지 從前의 職業에 從事하고 諸般 常例의 義務를 履行함

第五條 軍政期間中 英語를 가지고 모든 目的에 使用하는 公用語로 함

英語와 朝鮮語 또는 日本語間의 解釋 又는 定義가 不明或은 不同이 生할 때는 英語를 基本으로 함

第六條 以後 發布하게 되는 布告, 法令, 規約, 告示, 指示 及 條例는 本官 又는 本官의 權限下에서 發布하야 住民이 遵守하여야 될 事項을 揭載함

右布告함

一千九百四十五年九月七日
於橫濱
太平洋美國陸軍最高指揮官
美國陸軍大將 더글라쓰·맥아―더

영어학자의 눈에 비친 한국어의 힘

太平洋米陸軍總司令部布告第一號

朝鮮ノ住民ニ告ク

PROCLAMATION No. 1

G.H.Q. U.S. ARMY FORCES, PACIFIC
OFFICE OF THE COMMANDING GENERAL
YOKOHAMA, JAPAN, 7 SEPTEMBER 1945

TO THE PEOPLE OF KOREA:

As Commander-in-chief, United States Army Forces, Pacific, I do hereby proclaim as follows:

By the terms of the Instrument of Surrender, signed by command and in behalf of the Emperor of Japan and the Japanese Government and by command and in behalf of the Japanese Imperial General Headquarters, the victorious military forces of my command will today occupy the territory of Korea south of 38 degrees north latitude.

Having in mind the long enslavement of the people of Korea and the determination that in due course Korea shall become free and independent, the Korean people are assured that the purpose of the occupation is to enforce the Instrument of Surrender and to protect them in their personal and religious rights. In giving effect to these purposes, your active aid and compliance are required.

By virtue of the authority vested in me as Commander-in-Chief, United States Army Forces, Pacific, I hereby establish military control over Korea south of 38 degrees north latitude and the inhabitants thereof. and announce the following conditions of the occupation:

ARTICLE I

All powers of Government over the territory of KOREA south of 38 degrees north latitude and the people thereof will be for the present exercised under my authority.

ARTICLE II

Until further orders, all governmental, public and honorary functionaries and employees, as well as all officials and employees, paid or voluntary, of all public utilities and services, including public welfare and public health, and all other persons engaged in essential services, shall continue to perform their usual functions and duties, and shall preserve and safeguard all records and property.

ARTICLE III

All persons will obey promptly all my orders and orders issued under my authority. Acts of resistance to the occupying forces or any acts which may disturb public peace and safety will be punished severely.

ARTICLE IV

Your property rights will be respected. You will pursue your normal occupations, except as I shall otherwise order.

ARTICLE V

For all purposes during the military control, English will be the official language. In event of any ambiguity or diversity of interpretation or definition between any English and Korean or Japanese text, the English text shall prevail.

ARTICLE VI

Further proclamations, ordinances, regulations, notices, directives and enactments will be issued by me or under my authority, and will specify what is required of you.

Given under my hand at YOKOHAMA
THIS SEVENTH DAY OF SEPTEMBER 1945

DOUGLAS MacARTHUR

General of the Army of the United States
Commander-in-Chief, United States Army Forces, Pacific

2 공식어로서의 한국어의 중요성

이중언어 사회에서 언어 문제의 핵심은 명목상의 국어가 무엇이냐가 아니라 행정업무와 언론과 교육에서 공식적으로 사용되는 실질적인 힘을 가진 공식어가 무엇이냐가 핵심이다. 어떤 언어가 '국어'로 선포되어 있는가는 그 다음 문제이며, 생활어로 사용하는 언어가 무엇인가는 문제의 핵심에서 가장 동떨어진 문제이다. 한국어가 2천 년 동안 생활어로 사용되었지만, 그동안 한국어로는 중요한 정보를 얻을 수 없었으며 법적인 권리를 지킬 수도 없었다. 또한 공적인 생활을 유지할 수도 없었다.

한국이 한문의 귀족성과 일본어의 제국성에서 벗어나 오늘날의 민주성을 확보할 수 있었던 것은 민중의 모어인 한국어가 공식어로서 역할을 할 수 있었기 때문이다. 한국이 세계 최빈국에서 60년 만에 세계 10위권의 경제대국으로 비약할 수 있었던 것도 민중의 모어가 공식어의 역할을 하며 민중의 권리를 수호하고, 교육과 정보 교환을 한국어로 할 수 있었기 때문이다. 그러나 지금 이 순간 공식어로서의 한국어의 자리가 흔들리고 있다.

이중언어 사회의 언어차별

이중언어 국가와 관련하여 한국인이 가지고 있는 오해에는 두 가지가 있다. 첫 번째 오해는 이중언어 국가에서 공용되는 두 언어가 평등하게 사용될 수 있다는 생각이다. 미국의 언어학자 찰스 퍼거슨 (Charles A. Ferguson)은 이중언어를 사용하는 국가의 사례를 구체적으로 분석하여, 한 사회에서 두 언어가 공용되는 경우 두 언어는 평등

영어학자의 눈에 비친 **한국어의 힘**

한 힘을 가질 수 없으며, 그 역할에 따라 필연적으로 상위어와 하위어로 차별된다는 것을 밝힌 첫 번째 학자였다.[3]

퍼거슨 교수는 1959년에 "다이글로시아(diglossia)"라는 제목의 논문을 발표하며 사회언어학 분야를 개척했다.[4] 그가 연구한 1950년대의 하이티는 프랑스어와 크리올어(프랑스어와 하이티어가 혼합된 변종어)가 사용되는 이중언어 사회였다. 하이티에서는 두 언어가 사용되는 영역이 완전히 구분되었으며, 프랑스어가 상위어, 크리올어가 하위어의 역할을 담당하고 있었다. 이때 상위어와 하위어로 구분되는 기준은 어떤 언어가 공식어로 사용되는가에 있었다.

하이티의 프랑스어와 크리올어의 차별화된 용도

용도 \ 언어	프랑스어(상위어/공식어)	크리올어(하위어/생활어)
설교, 예배	○	
정치적 연설	○	
대학 강의	○	
방송(뉴스)	○	
시	○	
사적인 대화		○
노동자, 하인에게 지시		○
민속 문학		○

퍼거슨은 2개의 언어를 사용하되 두 언어의 역할을 상위어와 하위어로 구분하여 사용하는 사회를 '다이글로시아 사회'라고 명명했다.

3　Charles A. Ferguson (1921～1998)은 미국 스탠포드 대학의 교수였으며, 사회언어학의 창시자 중 한 명이다. 다이글로시아에 대한 연구로 가장 잘 알려져 있으며, 그의 주도 하에 토플(TOEFL) 시험이 응용언어학 센터(Center for Applied Linguistics)에서 개발되어 1964년에 처음 실시되었다.
4　Ferguson, Charles A., "Diglossia", *Word* 15, 1959, pp. 325～340.

다이글로시아 사회에서 상위어는 공식어로 사용되며, 사용하는 인구수가 적어 특권 있는 언어로 존경받는다. 반면에 하위어는 생활어로 사용되며, 다수의 사람들이 사용하지만 열등한 언어로 취급받는다.

한반도 2천 년의 이중언어 역사

과거의 한반도는 하이티 이상으로 언어의 용도가 차별된 이중언어 사회였다.

조선 시대의 중국어와 한국어의 차별화된 용도

용도 ＼ 언어	중국어(한문) (상위어/공식어)	중국어 크리올(이두) (중위어/공식어)	한국어 (하위어/생활어)
조선실록	○		
중요문서	○		
교육(성균관, 향교, 서당)	○		
불경	○		
실용문		○	
공문서		○	
매매문서		○	
개인편지			○
판소리			○
일반 대화			○

조선시대에는 중국어(한문)와 중국어 크리올(이두)이 상위어로 공식어의 역할을 담당했다. 한국어는 하위어로서 생활어로만 사용되었다.

영어학자의 눈에 비친 **한국어의 힘**

일제 강점기 동안도 한반도는 이중언어 사회였다. 법적인 효력을 가지고 공공분야에서 사용된 공식어는 일본어였으며, 한국어는 조선인들이 집안에서 사용하는 생활어일 뿐이었다. 일본어와 한국어의 역할이 엄격히 구분되었으며, 그 지위도 달랐다. 이것은 극단적인 예이며, 일본의 식민지 정책이라는 특수한 상황에 있었기 때문이라고 말하지 말라. 역사 이래 모든 이중언어 사회는 각기 다른 두 언어집단이 침략이나 교류라는 목적으로 얽히게 되었을 때, 두 집단 간의 힘의 균형에 따라 각각의 언어가 차별된 역할과 힘을 가져왔다. 그리고 언제나 제국의 언어가 상위어로서 권력의 수단이었다.

지난 2천 년 동안 한반도는 한국어를 생활어로, 중국어와 일본어를 공식어로 사용해 온 이중언어 사회였다. 지금 새삼 이 사실을 확인하는 이유는 단지 제국의 지배를 받았던 우리의 아픈 과거를 기억하기 위함이 아니다. 다만 한국인들이 자신의 모어인 한국어를 공식어로 채택한 이후에야 비로소 한반도에서 언어 민주주의가 실현되었음을 확인하기 위해서이다. 그리고 그 언어 민주주의가 실현되었을 때, 모든 민중이 평등하게 교육 받고 자신의 권리를 지키며, 세계무대에서 가장 활발한 역할을 하게 되었다는 사실을 상기하기 위해서이다. 공식어와 생활어가 분리된 이중언어 사회에서 생활어는 아무런 힘이 없다. 언제나 공식어가 교육과 정보 나아가 경제를 움직인다.

|3| 두 가지 종류의 이중언어

일반적으로 이중언어라고 하면 한 개인이 두 가지 언어를 하는 능력을 말하는데, 이중언어에는 두 가지 종류가 있다. 하나는 개인의 이중언어 능력이고, 다른 하나는 한 국가 내에서 두 개의 언어가 사용되는 이중언어 체제이다. 미국의 언어학자 조슈아 피쉬맨(Joshua Fishman)은 이것을 바이링구얼리즘(bilingualism)과 다이글로시아(diglossia)로 구분했다. 바이링구얼리즘은 한 개인이 두 개의 언어를 말하는 개인적 이중언어 능력을 말한다. 반면에 다이글로시아는 한 사회가 두 개의 언어를 차별적으로 사용하는 사회적 이중언어를 말한다.

이중언어 국가에 대하여 한국인들이 가지고 있는 두 번째 오해는 이중언어 국가의 국민들은 두 가지 언어를 모두 잘 할 줄 안다고 생각하는 것이다. 오늘날 한국에서 문제가 되고 있는 영어공용화론은 개인적 이중언어와 사회적 이중언어를 혼동하기 때문에 일어나는 특이한 현상이다. 영어공용화를 제안한 사람들은 개인적 이중언어 능력을 빠른 시간 내에 양성하기 위해 사회적 이중언어 체제로 전환하자고 주장한다. 그러나 사회적 이중언어와 개인의 이중언어 능력은 완전히 다른 별개의 문제이다. 대부분 이중언어 국가의 국민들도 단일언어 능력만을 가진다.

이중언어 국가의 언어능력

피쉬맨 교수는 이중언어 사회의 구성원이라고 모두 이중언어 능력을 가진 것이 아니며, 단일언어 사회의 구성원이라고 모두 단일언어 능력만을 가진 것이 아니라는 점에 주목했다. 그는 개인적 이중언어와 사회적 이중언어를 각각 별개의 이중언어로 구분했다. 그리고 이 두 가지 이중언어가 복합적으로 만들어낼 수 있는 이론적 가능성을 네 가지로 제시했다.[5]

사회적 이중언어	개인적 이중언어	예 시
+	+	스페인어와 과라니어를 공용어로 사용했던 파라과이 스페인어는 상위어로, 과라니어는 하위어로 사용됨
+	−	귀족은 프랑스어만 사용하고, 백성들은 러시아어만 사용했던 제정러시아
−	+	개인적 이중언어는 많지만 사회적 이중언어가 없는 벨기에의 독어 사용 지역
−	−	하나의 지역사회가 하나의 언어만을 사용하는 아주 보기 드문 상황

이 네 가지 가능성을 현재의 국가들의 상황에 비추어 재해석하면 다음과 같다.

유형	사회적 이중언어	개인적 이중언어	상 황	해당 국가
제1유형	+	+	다언어 국가이고, 국민들 중 일부가 이중언어 능력이 있는 경우	필리핀, 인도 싱가포르
제2유형	+	−	다언어 국가이지만, 국민은 단일언어를 사용하는 경우	벨기에, 스페인, 캐나다
제3유형	−	+	단일언어 국가이지만, 소수 민족이 이중언어를 사용하는 경우	터키, 이란
제4유형	−	−	단일언어 국가이고, 국민도 단일언어만 사용하는 경우	한국, 일본

첫 번째 유형은 국가가 두 개 이상의 공식어를 인정하고, 국민들 중 일부가 이중언어 능력을 가지는 경우이다. 이 유형은 제국의 식민지였던 나라들에서 흔히 나타난다. 이런 사회에서는 지배 계층 사

---

5 Fishman, Joushia, "Bilingualism with and without Diglossia, Diglossia with and without Bilingualism", *Journal of Social Issues*, No.32, 1967.

람들은 이중언어 능력을 가지는 반면에 다수의 평민들은 토종어만 사용하는 단일언어 능력을 가진다. 예를 들어 필리핀의 인구 중에서 영어로 의사소통이 원활한 사람의 비율은 전 인구의 7% 정도에 불과하다. 인도에서 영어를 조금이라도 말할 수 있는 사람은 전 인구의 10% 정도 밖에 안 된다. 싱가포르에서는 영어사용자가 인구의 23%, 중국어 사용자가 35%이다. 이 유형의 사회에서 실질적인 공식어는 제국어이며, 제국어를 잘하는 소수의 사람만이 부와 권력을 독점한다. 반면에 모어만 할 줄 아는 다수의 평민들은 교육, 정보와 사회 진출에서 차별을 받는다. 과거 조선시대가 이와 비슷한 상황이었다.

두 번째 유형은 국가가 여러 개의 공식어를 인정하지만, 국민들은 단일언어 능력만 가지는 경우이다. 이 유형은 서로 다른 언어를 사용했던 지역이 하나의 국가로 묶일 때 나타난다. 이 국가에서는 지역에 따라 언어권이 다르고, 국민들은 자기 지역에서 사용되는 언어 하나만을 사용한다. 예를 들어 인구 1천만 명의 벨기에는 네덜란드어, 프랑스어, 독일어의 세 가지 언어를 공용어로 인정한다. 그러나 북부의 플랑드르 지역 주민은 네덜란드어만 사용하고(60%), 남부의 왈론 지역 주민들은 프랑스어만 사용한다(39%). 이 두 지역의 주민 갈등은 언어 전쟁이라고 할 만큼 격심하다. 최근에는 언어권별로 플랑드르, 왈론 및 수도권 지역이 각각 자치권을 가지는 연방 국가로 헌법을 개정하고, 각각의 지역이 독립적인 체제를 유지하고 있다. 외무부 장관만해도 벨기에 전체를 대표하는 외무장관 외에 각 언어공동체를 대표하는 외무장관 3명이 더 있어, 총 4명의 외무장관이 필요한 복잡한 상황이다. 벨기에 사람들 스스로도 언어 문제로 인한 갈등은 그 뿌리가 너무 깊고 복잡해서 외국인들은 이해할 수 없을 것이라고 말한다.(정

시호: 277쪽)

세 번째 유형은 다민족 국가이지만, 단일언어 정책을 쓰는 경우이다. 터키나 이란과 같은 나라들은 가장 힘이 있는 민족의 언어 하나만을 공식어로 인정한다. 예를 들면, 터키의 경우 터키족(70~75%), 쿠르드족(18%), 그 외 소수민족(7~12%)으로 구성되어 있는데, 터키어 하나만 공식어로 인정한다.(월드팩트북, 2011) 이런 사회에서는 권력이 있는 민족은 자신의 언어 하나만으로 모든 생활이 가능하므로, 이중언어 능력을 가질 필요가 없다. 그러나 소수 민족은 자신의 모어와 함께 국가의 공식어를 배워야만 한다. 일제 강점기의 조선이 이와 비슷한 상황이었다.

마지막으로 네 번째 유형은 단일언어 국가이고, 국민들도 단일언어 능력만 가지는 경우이다. 피쉬맨 교수가 이런 경우는 매우 희귀하여 그 사례를 찾기가 매우 힘들다고 분석했는데, 현재 우리나라와 일본이 그 예에 속한다. 제2차 세계대전 이후, 단일민족이라는 조건을 배경으로, 민족어를 국어로 지정하여 생활어와 공식어가 하나로 통일된 단일언어 사회를 이루었다.

앞에서 살펴본 바와 같이, 개인적 이중언어와 사회적 이중언어를 구분하면, 이중언어 국가의 국민이 저절로 이중언어 능력을 가지는 것이 아니라는 것을 알 수 있다. 한 국가에서 두 개의 언어를 공식어로 지정한다고 해서 모든 국민이 이중언어 능력을 가지는 것은 아니기 때문이다. 대부분의 이중언어 국가에서 각각의 언어는 그 역할에 따라 차별되고, 국민의 계급을 가르는 기준이 되며, 대부분 국민들은 계급에 따른 단일언어 능력만 가진다.

단일언어 국가를 지향하는 다언어 사회

전 세계적으로 다언어 국가가 단일언어 국가보다 훨씬 많다. 그러나 대부분의 다언어 국가의 국민들은 언어로 인한 불평등과 갈등을 겪고 있다. 오늘날 이중언어 국가들은 가능하다면 국가의 언어를 하나로 통합하고자 한다. 언어가 하나로 통일될 때, 교육, 정치, 경제의 시스템을 단일화 하여 운영함으로써 효율을 극대화할 수 있기 때문이다. 또한 언어로 인한 갈등이나 차별이 없는 평등한 사회를 만들 수 있기 때문이다. 더불어 국민 전체가 하나의 공동체로서의 소속감을 가지고 단결하기도 훨씬 쉽다.

언어의 단일화 문제를 놓고 끊임없이 갈등하는 대표적인 나라가 미국이다. 미국의 헌법에는 국어나 공식어에 대한 규정이 없다. 연방헌법에 영어를 공식어로 명시하고자 하는 시도가 계속 있어왔지만, 대법원에서 이를 허락하지 않고 있다. 영어를 국어나 공식어로 명문화할 경우, 다른 언어를 모어로 하는 국민들의 인권을 침해하는 것이라고 판단하기 때문이다. 미국에서는 현재 영어만 공식어로 인정해야 한다는 '잉글리시 온리'와 이민자의 모어도 함께 인정해야 한다는 '잉글리시 플러스' 사이의 논쟁이 격렬하게 진행 중이다. 잉글리시 온리 정책의 지지자들은 미국인들이 한 국가의 국민으로서 일체감을 느끼고, 정부의 행정업무와 교육 등 전 분야에서 효율성과 공평성을 높이기 위해서는 영어로 통일해야 한다고 주장한다. 반면에 잉글리시 플러스 정책의 지지자들은 이민 아동의 교육 효과를 높이고, 이민자들의 인권을 보호하기 위해서는 그들의 모어도 보호되어야 한다는 입장이다.

영어학자의 눈에 비친 **한국어**의 힘

언어의 단일화는 그 장점에도 불구하고 쉬운 일이 아니다. 이유는 다언어 국가에서 각각의 민족은 (아무리 소수 민족이라고 하더라도) 자신의 모어를 포기하려고 하지 않기 때문이다. 언어는 스스로의 정체성을 확인하는 가장 중심적인 요소이며, 언어의 단일화는 곧 소수 민족의 사멸과도 직결된다. 언어의 단일화가 어려운 또 다른 이유는 소수 민족 사람들이 동의한다고 하더라도 민중들이 자신의 모어를 버리고 한순간에 다른 언어로 교체하는 일은 현실적으로 거의 불가능하기 때문이다.

현재 우리는 역사 이래 처음으로 사회적 이중언어 구조에서 벗어나 민중의 모어 하나로 통일된 단일언어 사회에 살고 있다. 세계 언어사에서 한국의 언어 단일화는 가장 이상적인 언어 통일의 사례이다. 민중의 모어를 버리거나 타민족의 언어를 말살하지 않고 언어를 통일할 수 있었기 때문이다. 그리고 언어 통일 이후 60년 만에 한국이 이루어낸 교육, 정치, 경제, 사회적 도약은 민중의 모어로 통일된 사회가 가지는 이점을 실제로 증명한 대표적인 사례이기도 하다. 한국은 단일언어 사회의 힘으로 오늘의 발전을 이루어 낸 것이다.

|4| 민중의 모어로서 한국어

한국어나 영어는 어느 민족의 민족어이기 이전에 누군가의 '모어'이며, '모어'가 가지는 핵심적인 기능은 동일하다. 모든 인간은 자신의 '모어'로 생각하고, 상상하고, 창조한다. 번득이는 영감이 떠오를 때 혹은 신기한 아이디어가 떠오를 때, 그 영감이나 아이디어를 순간적으로 포착하는 것도, 또 그 아이디어를 새로운 방향으로 발전시키고 창의적인 결과물로 구상하는 데에도 모두 '모어'를 사용한다. 백남준의 창의적인 작품에서부터 미국의 대통령 버락 오바마의 설득력 있는 연설과 아인슈타인의 상대성 원리에 대한 탐구과정에 이르기까지, 세상을 움직이는 인간의 모든 정신활동 뒤에는 반드시 모어가 있다. 한국인에게 한국어가 중요한 이유는 한국어가 한국인의 모든 지적인 활동을 관장하는 정신활동의 핵심 도구이기 때문이다.

정신활동 도구로서의 모어

인간이 동물과 다른 이유는 언어로 '말하기' 때문이 아니라, 언어로 '생각하고, 분석하고, 종합하고, 새로운 결과를 도출하는 정신활동'을 하기 때문이다. 또한 인간이 고등동물인 이유는 타인이 이루어낸 정신적인 결과물을 이해하고 응용할 수 있기 때문인데, 이해라는 정신적 활동 또한 언어를 통하지 않고는 불가능하다. 늑대 밑에서 자란 야생아가 동물과 비슷한 수준에 머물러있는 것은 단순히 말을 하지 못하기 때문이 아니라, 언어를 활용한 지적인 정신활동을 하지 못하기 때문이다.

영어학자의 눈에 비친 **한국어의 힘**

언어의 기능은 크게 네 가지이며, '말하기, 듣기, 읽기, 쓰기'로 구분할 수 있다. 그러나 이것은 언어의 기능 중 정확히 1/2 만을 말할 뿐이다. 이 네 가지 기능은 언어의 외적인 기능을 분류한 것일 뿐이다. 인간은 말하고, 듣고, 읽고, 쓰기 이전에 언어로 생각하고, 이해하며, 느끼고, 새로운 아이디어를 구체화한다. 이것이 언어의 내적인 기능이며 핵심 기능이다. 언어는 인간의 외적인 '의사소통의 도구'일 뿐만 아니라, 내적인 '정신활동의 도구'이기도 하다. 그리고 이러한 내적인 정신 활동은 자신의 모어로 한다.

요즘 영어교육은 영어의 '말하기' 영역에만 얽매여 언어의 외적인 기능에만 집착하고 있다. 그러나 말하기 이전에 말할 내용을 생각해야 하는데, 상대를 설득시키기 위해서는 논리적이고 창의적인 생각들이 필요하기 때문이다. 한국인들에게 이런 사고의 기반은 한국어이다. 한국인들이 한국어가 아닌 영어로 생각할 때 창의적인 아이디어가 나오기는 어렵다.

모어 능력이 학력에 미치는 영향

한 개인의 모어 능력이 사고력에 어떤 영향을 미치는가를 증명하기는 쉽지 않다. 특히 요즘과 같이 영어 수학을 잘하는 사람이 다른 것도 잘한다는 믿음이 확고히 자리 잡은 한국에서, 한국어 능력이 다른 분야의 학습이나 사고력 신장에 필수 조건이라는 것을 설명하기는 더욱 어렵다. 그러나 미국의 이민 아동들의 모어 능력이 미국에서의 학습 능력에 영향을 미친다는 연구 결과가 있다. 이 결과는 개인의 모어 능력이 사고력과 학습 능력에 큰 영향을 미친다는 것을 보여주는 증거이다.

토론토 대학의 짐 커민스(Jim Cummins) 교수는 미국 이민 자녀들의 교육 효과를 검증하기 위하여, 영어능력을 '기초 회화능력(basic interpersonal communicative skills)'과 '아카데믹 영어능력(cognitive academic language proficiency)'으로 구분했다.[6] 기초 회화능력은 일상 생활에서 개인적인 의사소통을 하는 능력이고, 아카데믹 영어능력은 인문학이나 과학 등을 학습하기 위해 필요한 영어능력이다. 아카데믹 영어능력은 고급의 어휘력과 독해력, 정확하고 설득력 있는 문장 표현력, 추론 등의 인지적인 능력을 포함한다. 미국의 노동자는 기초 회화능력은 매우 뛰어나지만, 아카데믹 영어능력은 낮다.

커민스 교수의 연구 결과에 따르면, 이민 학생들이 기초 회화능력을 습득하는 데는 2년 정도의 시간이 필요했다. 그러나 아카데믹 영어능력의 경우는 이보다 훨씬 많은 시간이 걸리며, 모어로 한 번도 학교 교육을 받지 않고 미국에 이민 온 어린 학생들의 경우에는 5~7년의 시간이 필요했다. 반면에 상대적으로 나이가 들어서 이민 온 학생들은 모국에서 습득했던 학습 기술과 지식의 도움으로 아카데믹 영어를 배우는 속도가 어린 학생들보다 빨랐다.

커민스 교수의 연구에 이어 버지니아 콜리어(Virginia Collier) 교수는 '미국에 이민 간 학생들이 모든 교과목에서 미국 학생들과 비슷한 수준의 점수를 얻게 되기까지 몇 년이 걸릴까?'를 연구했다.[7] 콜리어

---

6 Cummins, Jim, "The role of primary language development in promoting educational success for language minority students", Schooling and language minority students: A theoretical framework, Los Angeles: California State University, National Evaluation, Dissemination and Assessment Center, 1981, pp.3-49.

교수는 영어를 모르는 상태에서 미국으로 이민 간 학생들이 기초 영어회화 수준을 넘어서, 영어, 과학, 사회, 수학 등의 교과목에서 미국 학생들과 같은 수준의 능력을 습득하기까지 어느 정도 시간이 걸리는가를 연구했다.

이 연구는 1977년부터 1986년 사이에 미국으로 이민을 와서 공립학교에 입학한 1,584명의 학생을 대상으로 실시되었다. 이들의 출신은 100개국 이상으로 다양했으나 스페인(23%), 베트남(17%), 한국(16%)이 가장 큰 비중을 차지했다. 이민 아동들은 영어를 거의 못하지만 모국에서는 모어로 정상적인 교육을 받았던 학생들이었다. 연구는 아동들이 미국에 도착한 나이, 미국에서 교육받은 기간, 도착 당시의 모어 능력 등을 변수로 하여 연구하였으며, 미국 학생들을 대상으로 2년마다 실시되는 공인시험인 영어독해력, 영어문법, 수학, 과학, 사회 과목의 시험 결과를 지속적으로 추적하여 학생들의 성적 향상도를 조사했다. 그 연구 결과는 다음과 같았다.

첫째, 이민 아동들이 미국에 도착할 당시의 영어능력이나 모어의 종류, 모국에서의 교육배경은 학생들의 성적에 영향을 미치지 않았다. 둘째, 미국에서 거주한 기간이 긴 학생일수록 수학을 제외한 모든 과목에서 성적이 조금씩 향상되었으나 그 향상 폭이 크지 않았다. 셋째, 8~11세에 이민을 온 학생들이 가장 짧은 기간 내에 같은 또래의 미국 학생들과 비슷한 성적을 얻었으며, 그 기간은 2~5년이 걸렸다. 그 다음은 5~7세에 이민을 온 학생들이었다. 이들은 미국 아이들과 비슷한 성적을 얻기까지 8~11세에 이민 온 그룹에 비하여

---

7 Collier, Virginia P, "Age and rate of acquisition of second language for academic purposes", *TESOL QUARTERLY*, 21.4, 1987, pp.617~641.

1~3년 정도 시간이 더 걸렸다. 특히 초등학교 6학년 학생들의 경우, 6~7세에 이민 온 아이들은 8세에 이민 온 아이들에 비하여 거주 기간이 2년 더 길었음에도 불구하고 모든 과목에서 성적이 떨어졌다. 12~15세에 이민을 온 학생들은 정상적인 미국인 학생들 수준이 되기까지 6~8년이라는 긴 시간이 걸렸다.

이와 같은 결과에 대하여 콜리어 교수는 다음과 같이 해석했다. 첫째, 5~7세에 미국에 도착한 아이들은 8~11세에 도착한 아이들에 비하여 낮은 학습 성취도를 보이고 있다. 이는 모어로 읽고 쓰기를 배우면서 습득하게 된 기본적인 인지적 학습능력이 제2언어 학습과 다른 교과목의 학습을 하기 위한 학습능력으로 쉽게 전이될 수 있다는 증거이다. 5~7세에 미국에 도착한 아이들이 8~11세에 도착한 아이들에 비하여 학습 성취도가 낮은 원인은 너무 어린 나이에 미국에 도착했기 때문에 고국에서 모어로 교육을 받으며 인지 활동을 한 기간이 상대적으로 매우 짧았던 데에 있다.

둘째, 12~15세에 미국에 도착한 학생들의 성적이 매우 낮은 이유는 미국 고등학교에서 요구하는 학습 과목의 난이도가 매우 높은 반면에 이들이 학습할 충분한 시간이 모자랐기 때문이다. 이 학생들은 미국에 도착한 후 기초적인 영어능력조차 없었던 상태에서 줄곧 영어능력을 보충하는 데 시간을 쓰는 동안, 또래의 미국 아이들에 비하여 수학, 과학, 사회 과목을 공부할 시간이 절대적으로 부족했다. 12~15세에 도착한 이민 학생들이 영어능력과 함께 다양한 교과목의 학습 능력을 기르기 위해서는 다른 식의 보충이 필요하다. 예를 들면, 이들에게는 영어만으로 강의하는 것으로는 학습능력을 향상시키기 어려우므로 영어를 배우는 과정 중에도 또래의 미국 학생들이 배우는 전 과목의 학습내용을 모어로 학습하여 그 내용을 알도록 도와주는 것이 필요하다.

콜리어 교수의 연구는 미국에서 적응해야 하는 이민 아동들을 대상으로 한 연구였다. 그러나 이 연구는 오늘날 한국에서 지나친 영어교육의 열풍에 밀려 위축된 한국어 능력과 관련하여 시사하는 바가 크다. 콜리어 교수의 연구는 어린 시기에 모어 습득과 함께 이루어지는 사고력과 인지력의 신장이 이후 고급 외국어 능력과 다른 학문 분야의 능력 발달에 결정적인 영향을 미친다는 것을 알려준다. 또 아이들이 너무 어린 나이에 모어를 배울 기회와 모어로 인지적인 활동을 할 기회를 박탈당하면, 사고력과 인지력 발달에 장애를 가져올 수 있다는 것을 보여준다. 이는 우리의 영어 교육의 목표가 기초 영어회화 수준을 넘어서 아카데믹 영어능력 신장을 목표로 한다면, 영어를 배우기 이전에 어느 수준 이상의 한국어 능력을 갖추는 것이 훨씬 더 효과적이라는 점을 시사한다.

모어와 사고능력의 관계

독일의 레오 바이스게르버(Leo Weisgerber) 교수는 모어 능력이 인간의 사고력에 미치는 영향을 연구하기 위하여 실험을 했다.[8] 실험은 12세에서 16세 사이의 농아들에게 '도둑, 사다리, 창문, 돈, 시계'의 다섯 단어를 암기하라고 주고, 1분 후에 "너는 무엇을 생각하니?"라

---

8 이 실험 내용은 『모국어와 정신형성』, 46~48쪽의 내용을 요약하여 재인용한 것이다.
   L. 바이스게르버, 허발 역, 『모국어와 정신형성』(1929), 문예출판사, 2004.

는 질문을 하는 것이었다. 농아들의 대답은 다음과 같았다.

> 도둑이 달걀과 돈을 많이 훔쳤다.
> 어머니는 유리창을 닦으신다.
> 유리창은 깨끗하다.
> 그는 돈을 많이 번다.
> 시계가 똑딱똑딱 가고 있다.

농아들의 대답은 문장의 길이가 짧고, 문장의 구조도 단순했다. 그리고 가장 두드러진 특징은 농아들은 주어진 5개의 단어들에서 유기적이거나 논리적인 관계를 유추하지 못하고, 각각 연결성이 없는 조각난 생각들을 만들고 있다는 점이다. 흥미로운 점은 동일한 실험을 6~7세의 아동들에게 했을 때에도 결과들이 비슷했다는 점이다.

반면에 동일한 실험을 13세의 정상아에게 했을 때, 그 학생의 대답은 다음과 같았다.

> 도둑은 훔칠 때면 사다리를 타고 창을 통해 올라가 돈과 시계를 집어 온다.

이 대답은 문장의 길이가 길고, 문장구조가 복잡하다. 더 큰 특징은 다섯 개의 단어가 가지고 있는 관계망 중에서 가장 밀접한 관계가 있는 관계망을 추상적으로 생각하려는 노력을 보여준다는 점이다. 두 아동 그룹의 상반된 결과는 언어 능력과 사고 능력 사이에 깊은 상관관계가 있음을 보여준다.

인간의 정신세계에서 언어능력과 사고능력의 발달은 무엇이 원인

영어학자의 눈에 비친 **한국어의 힘**

이고 무엇이 그 결과로 일어나는 것인지에 대한 논란은 아직 끝나지 않았다. 그러나 이 두 가지 능력이 상호적으로 영향을 미친다는 점만은 명백한 사실이다. 이렇듯 인간의 지적인 사고 능력에 직접적으로 영향을 미치는 것이 모어의 핵심적인 기능이다. 모어는 우리의 생각을 개념화하고 논리화하고 추상화하는 생각의 도구인 동시에, 생각하는 능력에 결정적인 영향을 미치는 힘을 가지고 있다.

모어로서의 한국어가 중요한 이유는 한국어 능력이 한국인의 생각하는 힘의 근간이기 때문이다. 창의성이 무엇보다 중요하게 여겨지는 오늘날 한국어가 중요한 이유는 한국어가 한국인의 생각과 아이디어 창출의 도구이기 때문이다.

제2장
한국어의 생명력

"

　우리는 이제 겨우 60년의 단일언어 역사를 가지고 있을 뿐이다. 천 년 이상 동안 제국 언어의 지배를 받아온 한국인들이 민중의 모어를 공식어로 채택하여, 오늘날 정보의 민주화를 실현시킨 것은 세계 언어사에서 기적에 가까운 일이다. 이는 2천 년 동안 문어로만 남아 있던 유태인의 히브리어가 살아남아 오늘날 이스라엘의 국어로 사용된다는 점보다도 더욱 놀라운 일이다.

　한국어의 르네상스가 가능했던 이유는 물론 민중의 모어로 통합된 단일언어 시대가 실현되었기 때문이다. 제국 언어 중심의 이중언어 사회에서 벗어나 민중의 모어 하나로 언어가 통일되고 누구나 숨 쉬듯 쉽게 사용할 수 있는 모어로 교육과 모든 공식 업무가 가능했기에 전쟁으로 폐허가 된 가난했던 나라가 세계 10위권에 드는 경제대국으로 나아가 민주사회로 비약할 수 있었다.

　그러나 단일언어 사회가 시작된 지 60년도 안 된 시점에 한국어가 다시 위협받고 있다. 한국인의 영어 광풍은 제국 언어의 권력성과 모국어의 힘에 대한 무지 때문에 나타난 실수이다. 또 한 번의 제국 언어의 공격과 우리의 무지로 인해 한국어가 사멸로 이어지기 전에 우리는 이 비극을 막을 수 있으며, 막아야 한다.

"

|1| 첫 번째 제국언어, 중국어

한국인들은 단일언어 사회의 힘으로 오늘의 반전을 이루었다. 그런 한국인들이 가볍게 이중언어 사회로 돌아가자고 주장하는 이유는 자신들이 수천 년 동안 단일언어를 사용해 온 민족이라고 방심하기 때문이다. 조선이 단일언어 사회였다고 믿는 이유는 '이두' 때문이다. 많은 사람들이 이두를 한국어라고 생각한다. 그러나 이두는 한국어가 아닌 중국어 크리올로, 중국어나 한국어와 다른 제3의 언어이다.[9] 19세기 말까지 한국은 '문자'뿐만 아니라 '말'과 '글'까지 중국어와 중국어 크리올에 의존했던 철저한 이중언어 국가였다.

조선의 제1공식어, 중국어

조선의 제1공식어는 중국어였다. 조선은 가장 중요한 문서인 조선실록을 한자를 사용하여 중국어(한문)로 기록했다. 세종 15년에 작성된 다음의 실록은 중국에 보낼 조공에 대해 의논하는 내용이다. 여기서 주목할 것은 이 문서가 한자로 쓰였다는 점이 아니라 중국어로 작성되었다는 점이다.

又議曰: "勅書所付狗子人蔘, 謝恩進賀, 一時進獻乎?" 僉曰: "謝恩進賀, 喜事也, 當速爲之。狗子人蔘, 非必及時進獻也, 當徐徐揀擇, 隨後進獻可也。"

---

9 크리올(creole)이란 전혀 다른 두 언어를 사용하는 사람들이 의사소통을 위해 두 언어를 섞어서 사용할 때 나타나는 언어로 혼성어 혹은 변종어로 번역된다.

영어학자의 눈에 비친 **한국어**의 힘

又議曰: "人蔘不下千斤以獻, 何如?" 僉曰: "可也." (世宗 62卷, 15年(1433 癸丑 / 명 선덕(宣德) 8年) 12月 13日(壬戌))

또 의논하기를, "칙서에서 부탁해 온 개와 인삼은 사은사·진하사를 보낼 때에 일시에 진헌할 것인가" 하니, 모두가 아뢰기를, "사은과 진하는 기쁜 일이니 마땅히 속히 해야 할 것이나, 개와 인삼은 반드시 그때에 진헌해야 할 것은 아니니, 마땅히 천천히 가려 뽑아서 뒤에 진헌하는 것이 좋겠습니다"고 하였다. 또 의논하기를, "인삼은 1천 근 이상은 진헌해야 되지 않겠는가" 하니, 모두가 "좋습니다" 하였다.[10]

조선에서 모든 공문서를 한자로 썼다는 것은 누구나 아는 일이다. 그러면 한자를 읽을 줄 알면 조선실록을 이해할 수 있을까? 그렇지 않다. 조선실록은 한국어와 달리 주어-동사-목적어의 어순을 가진 중국어(한문)로 쓰여 있어서, 중국어를 모르면 한자를 알아도 조선실록을 쓸 수도 읽을 수도 없다. 문자와 언어는 밀접하게 연관되어 있어서 종종 한자와 한문을 혼동한다. 그러나 한자는 중국 알파벳이고, 한문은 중국어로 된 문장이다. 조선시대에는 중요 문서를 '중국어'로 작성했다.

훈민정음의 창제원리를 설명한 『훈민정음』도 한자를 사용하여, 중국어로 작성되었다.

國之語音 異乎中國 與文字 不相流通 故愚民 有所欲言而終不得伸其情者

---

10 『조선왕조실록』, 「세종」 62권, 15년(1433 계축 / 명 선덕(宣德) 8년) 12월 13일(임술) 1번째 기사 / '박안신이 가져온 칙서의 개·인삼의 진헌 문제와 자제들을 중국 학교에 입학 교육시키는 문제 등을 논의하다' 중에서. 인용문은 국사편찬위원회에서 제공하는 조선왕조실록(http://sillok.history.go.kr) 사이트에서 발췌한 것임.

多矣 予 爲此憫然 新制二十八字 欲使人人易習 便於日用耳[11]

『훈민정음』의 원문을 오늘날에 비유하면, 다음과 같이 '알파벳'을 사용하여, '영어'로 기록한 것과 마찬가지이다.

The speech sounds of this country are different from those of China and there is no writing in which to communicate. So many ignorant people, although they have something to say, cannot express it in writing. Feeling pity for this, I newly made twenty-eight letters which are easy to learn and convenient to use in everyday life.

알파벳을 알아도 영어를 모르면 위의 문장을 해석할 수 없는 것처럼, 한자를 읽을 줄 알아도 중국어를 모르면 『훈민정음』의 원문을 이해할 수 없다.

조선왕조실록 원문을 볼 때마다 떠오르는 의문이 하나 있다. "조정에서 왕과 신하들은 어떻게 말을 주고받았을까?" 하는 것이다. 왕과 신하들은 회의석상에서 한국어로 말을 하고, 기록관은 그 내용을 들으면서 중국어로 번역하여 문서로 남긴 것일까? 아니면 왕과 신하가 중국어로 회의를 하고, 중국어로 기록한 것일까? 비유하자면 청와대에서 대통령과 장관들이 한국어로 회의를 하고, 기록관이 영어로 번역하여 영문으로 작성했다는 뜻이다. 혹은 청와대에서는 모든

---

11 "우리나라의 말소리가 중국과 달라서 중국의 문자를 가지고는 서로 통하지 않는다. 그래서 어리석은 백성이 말하고자 하는 바가 있어도 마침내 그 뜻을 펴지 못하는 사람이 많다. 내가 이를 안타깝게 여겨 새로 28자를 만들었으니 백성들이 쉽게 익히게 하여 나날이 씀에 편하게 하고자 한다."

영어학자의 눈에 비친 한국어의 힘

사람이 영어로 말하고 영어로 기록했다는 뜻이다. 과연 조선시대에 조정에서 왕과 양반들이 주고받은 말은 어떤 언어였을까?

조선시대의 행정 언어

학자들은 조선시대의 양반 지식층들은 두 가지 방식으로 말을 했을 것으로 추정한다. 하나는 공식석상에서 혹은 양반들끼리 말을 할 때, 한문 투의 문구를 써서 말하는 방식이다. 다른 하나는 평민들에게 말을 할 때, 평민들끼리 사용하는 한국어 구어체로 말하는 것이다. 예를 들어, 훈민정음 창제 서문은 '國之語音 異乎中國 與文字 不相流通'으로 시작한다. 이것을 양반들은 '국지어음이 이호듕귁하야 여문짜로 불샹류통할새'하고 말하고, 일반 백성들은 '나랏 말쏘미 듕귁에 달아 문짜와로 서로 사맛디 아니할씨'라고 말했을 것이라고 추정한다.(홍윤표, 2011)

우리나라 최초의 국한문 혼용서인 유길준의 서유견문에서 "부국은 일족인민이 일폭대지를 거유하야 기 언어와 법률과 정치와 습속과 역사가 동하고 우 동일한 제왕과 정부를 복사하야 이해와 치란을 공수하는 자니 토지의 광할함과 인민의 다함으로 각기 산천을 할거하야 소자와 대자가 성의 나함과 기 포함이라"고 말하고 있다. 이것만 보아도 과거에 지식층들이 한문 투의 어휘에 조사만 한국어 조사를 붙여서 말했을 것이라는 추정은 매우 신빙성이 있다.

조선시대의 양반들이 '국지어음이 이호듕귁하야 여문짜로 불샹류통할새'라고 말한 것을 현대식으로 비유하면, '스피치 사운드 오브

디스 칸츄리가 차이나와 디프런트하여, 커뮤니케이션할 라이팅이 없어서'가 될 것이다. 이것을 한국어라고 말할 수 있을까? 양반들이 '국지어음이 이호듕귁하야'로 말을 할 때, '나랏 말ᄊ미 듕귁에 달아' 만 아는 일반 백성들은 양반들의 말을 알아들을 수 없었을 것이다. 조선의 백성들은 한문만 모르는 것이 아니라, 양반들이 하는 말도 알아듣지 못하는 이중언어 시대를 살았다.

중국어 변종어, 이두

조선의 제2공식어는 이두였다. 이두는 한문보다 그 용도가 훨씬 광범위했다. 왕이 신하에게 명령을 할 때, 신하나 백성이 왕에게 상소를 올릴 때, 관청의 모든 문서를 작성할 때, 그리고 백성과 관청 사이의 제반 업무에서부터 민간인의 유서 작성까지 공적인 업무에 이두를 사용했다.[12] 그러나 이두는 한국어가 아니라 중국어 크리올이다.

크리올은 두 개의 언어가 혼합되어 파생된 언어이다. 유럽 강국들이 아메리카와 아프리카 지역으로 식민지를 확장해가면서, 유럽 언

---

12 "공신녹권(功臣錄券) 등은 왕이 신하에게 내리는 문서로 이두 문으로 기록되어 있다. 신하나 백성이 왕에게 올리는 문서인 상언류(上言類)·정사류(呈辭類)·장계류(狀啓類) 등도 이두 문으로 썼다. 관과 관 사이에 주고받는 첩정문(牒呈文)·관문(關文)·단자(單子), 형조에서 작성하는 문서인 추안(推案)이나 근각(根脚), 민간에서 관에 올리는 원정류(原情類)·소지, 이에 대한 관의 판결하여 내리는 지령인 제사(題辭) 등도 이두 문으로 작성되었다. 백성들 상호 간에 주고받는 문권류(文券類)인 명문(明文)·성급문(成給文)·화회문기·유서(遺書) 등과 고목류(告目類)·절목(節目)·단자류(單子類) 등도 이두 문으로 작성된 것이다. 조선 전기의 이두 자료는 고려시대보다는 많은 편이다. 조선 초기의 고문서에도 이두는 널리 쓰였다."(디지털 한글박물관: http://www.hangeulmuseum.org에서 인용)

영어학자의 눈에 비친 한국어의 힘

어와 현지 언어가 혼합된 다양한 크리올이 새롭게 생성되었는데, 이는 많은 언어학자들의 연구와 관심의 대상이었다.

크리올은 두 가지 언어가 혼합될 때, 어휘는 상위어에서 가져오고 문법구조는 하위어를 따르는 변종 언어이다. 크리올은 상위어가 무엇이었는가에 따라 영어 기반 크리올, 프랑스어 기반 크리올, 스페인어 기반 크리올 등으로 분류된다. 영어 기반 크리올은 크리올 잉글리시(Creole English)라고 줄여서 말하며, 17세기~19세기 영국의 식민지 팽창과 함께 토착화된 변종 영어들을 말한다. 현재는 하와이, 아프리카와 중남미 일부 지역에서 크리올 잉글리시가 쓰이고 있다. 싱가포르의 신종어인 싱글리시도 크리올 잉글리시이다. 크리올 잉글리시의 전형적인 예로 현재 파푸아뉴기니의 국어로 사용되고 있는 톡 파신(Tok Pisin)이 있다. 다음은 톡 파신 문장이다.

"Sapos yukaikai planti pinat bai yu kamap strong olsem phantom."
'If you eat plenty of peanuts, you will come up strong like the phantom.'

위의 톡 파신 문장 중에서 밑줄 친 단어 부분이 영어에서 들여온 어휘이다.

이것을 우리말식으로 고치면, '만약 유가 플렌티 오브 피넛을 먹으면 유는 팬텀처럼 스토롱 캄업할 것이다'와 비슷하다. 이 톡 파신은 어휘는 영어와 비슷하고, 문법은 파푸아뉴기니어의 문법을 따르고 있다. 그러나 영어만 아는 미국인이나 파푸아뉴기니어만 아는 원주민은 톡 파신을 이해할 수 없다. 톡 파신은 영어도 파푸아뉴기니어도 아닌, 두 언어가 혼합되고 변종되어 나타난 제3의 언어이다.

이와 유사하게, 이두는 중국어에서 어휘를 빌리고, 한국어의 문법 구조에 따라 문장을 만든 중국어 기반 크리올이다. 이두를 이해하기 위해서는 한자 어휘와 한국어 문장 구조, 그리고 이두 문에만 적용되는 특별한 규칙들을 배워야 한다.

이두로 작성된 『대명률직해』(1395)의 한 구절을 살펴보면 다음과 같다.[13]

> 이두 문 원문: 修理爲乎矣失時爲在乙良笞三十齊
> 이두부분 해독: 修理하오되失時하견을랑笞三十齊

이두문은 '수리', '실시', '태삼십제' 등의 중요한 어휘는 중국어 어휘를 그대로 들여오고, 그 뒤에 '~ 하오되, ~ 하견을랑'과 같은 한국어 연결어미나 조사 등을 붙여서 만든 변종어이다. 이두문의 어순은 한국어와 같지만, '수리하오되실시하견을랑태삼십제'라고 소리 내어 읽어도 조선 시대의 일반 백성이나 현대의 한국인들은 이해할 수 없는 전형적인 중국어 크리올이다.

조선시대까지 한반도는 문자뿐만 아니라, 말과 글도 중국어에 의존했던 이중언어 국가였다. 일반 민중들은 양반들끼리 사용하는 한문(중국어)과 한문 투의 말(중국어 크리올)을 이해하지 못했으며, 중국어 능력은 계급을 차별하고, 권력과 정보를 독점하는 중요한 도구가 되었다.

우리는 이천 년 동안 단일언어 민족이었으니, 이제 이중언어 국가

---

13 『대명률직해』(1395)는 명나라의 법률을 이두 문으로 번역한 것으로, 이두로 작성된 대표적인 서적이다.

영어학자의 눈에 비친 한국어의 힘

로 언어를 다양화하는 것이 세계화의 흐름과 부합하는 것이라고 생각하는 사람도 있다. 그러나 조선시대와 일제 강점기까지 한반도가 이중언어 사회였다는 사실을 알면, 그리고 이중언어 사회였던 동안 내내 제국 언어가 정보를 독점하고 민중을 지배하는 도구였다는 점을 감안한다면, 감히 누구도 이중언어 사회로 다시 돌아가자고 말할 수 없을 것이다. 이중언어 사회의 속성을 파악하는 것이 한국에서의 바른 언어 정책을 논하기 위한 전제조건이다.

|2| 한국어 수호자, 세종대왕과 고종

세종대왕이 한글을 발명한 이유는 한자가 어려운 문자였기 때문이 아니라, 한국어를 표현할 수 없는 문자였기 때문이다. 한자가 어렵더라도 한국어를 표현하기에 적절한 문자였다면, 새로운 문자를 창제할 생각을 하지 않았을 것이다. 세종대왕은 민중을 위한 정치에서 민중의 모어 역할이 무엇인지 그 핵심을 이해하고 있었다. 한국인을 위한 정치를 위해서는 모든 공사업무가 한국어로 이루어져야 한다. 세종대왕은 민중의 교육과 법률, 관료의 등용과 중요한 정보의 교환이 한국어로 이루어질 때, 민중을 위한 진정한 정치가 가능하다는 것을 이해하고 있었다. 세종대왕은 한국어를 공식어로 활용하기 위하여 한글을 창제했다.

19세기 말 고종과 젊은 개혁가들은 제국주의가 난무하던 시기에 2천 년 동안 한반도를 지배했던 중국어를 제치고, 밀려드는 영어와 일본어를 제치고, 한국어를 공식어로 택했다. 빠르게 변화하는 세계의 소용돌이 속에서, 고종이 택한 것은 민중의 모어인 한국어였다. 이는 국제사회에 대한 문 닫기와 은둔 혹은 소극적인 회피가 아니라, 국제사회에 자신의 존재를 드러내고 동등한 자격으로 교류하기 위한 가장 적극적인 문 열기이자 확실한 자기 소리내기였다. 중국어로부터의 독립은 한국인들이 비로소 중국을 거치지 않고 국제사회와 직접 교류하는 독립적인 주체가 되기 위한 정신적 바탕을 제공했다.

세종대왕이 한글을 발명한 이유

세종대왕은 한글을 발명한 후, "법조문 같은 것을 이두 문자로 쓰면, 한자와 한문을 모르는 일반 백성이 글자 하나를 잘못 착오하여 원통함을 당할 수도 있다. 이제 한글을 사용하여 백성의 말로 된 법 조문을 읽고 듣게 하면, 아무리 배우지 못한 사람이더라도 모두 다 쉽게 법의 내용을 알아서 억울함을 당하는 자가 없을 것이다"라고 했다.[14]

세종대왕은 백성들이 한국어로 법의 내용을 쉽게 이해하고, 한국 어로 권리와 재산을 지킬 수 있는 길을 열고자 했다. 세종대왕은 민 중의 모어를 공식어로 사용할 때, 비로소 민주 정치가 가능하다는 것을 알고 있었다. 세종대왕은 진정한 의미의 언어 민주주의자였다.

한국어를 공식어로 사용하기 위해서는 한국어를 문서화할 수 있 어야 했다. 그러나 한자로는 한국어를 문서화할 수 없었다. 한국어 와 중국어는 완전히 다른 언어이다. 어순에서부터 조어법까지 같은 부분이 하나도 없어서, 한자를 가지고는 한국어를 표기할 방법이 없 었다. 한자는 우리말 소리를 모두 표기할 수 없을 뿐만 아니라, 우리 말의 필수 요소인 '−은/는, −이/가, −을/를, −에서, −부터, −만/ 도/는, 그리고, 그러나, 그래도, −해라, −하십시오, −하시옵소서, −했다, −했습니다'로 이어지는 조사와 어미변화 등을 해결할 방법 이 없었다. 궁여지책으로 만들어낸 이두가 있었으나, 이두는 중국어 어휘에 우리말 조사와 어미를 섞어 놓은 변종어일 뿐, 백성들이 사 용하는 한국어와는 다른 언어였다. 이런 상황에서 관용문서를 한국 어로 작성하기 위해서는 한국어를 한국어 그대로 표기할 수 있는 문

---

14 『조선왕조실록』「세종대왕」103권 26년 2월 20일(경자) / '집현전 부제학 최만리 등이 언문 제작의 부당함을 아뢰다'의 내용을 현대어로 풀이한 것임. 인용문은 국사편찬위 원회에서 제공하는 조선왕조실록(http://sillok.history.go.kr) 사이트에서 발췌한 것임.

자를 개발하는 것이 필수적인 조건이었다.

그 이전까지 조선 사람들은 한국어가 학문이나 법을 논하는 데 사용할 수 없는 열등한 언어라고 생각했다. 세종대왕이 한글을 창제했을 때, 당시 최고의 학자였던 최만리는 한글의 부당함을 아뢰는 상소문에서 한글을 사용하여, 한국어로 글을 쓰는 것은 시골의 상말을 글자로 옮기는 것뿐이며, 한글과 한국어로는 사리의 옳고 그름을 판단할 수 없으며, 학문을 하는 데 방해가 되고, 정치를 하는 데 전혀 도움이 되지 않을 것이라고 그 반대 이유를 강변했다.[15] 이것이 그 당시 조선 사람들의 생각이었다. 그러나 세종대왕의 생각은 달랐다. 그는 쉬운 한국어로 백성을 교육하는 것이 가능하다고 생각했다. 또 민중의 삶과 관련된 공식 문서를 한국어로 작성하여, 백성들이 읽고 이해할 수 있어야 한다고 믿었다. 세종대왕은 이런 믿음을 실천하기 위하여 한글을 창제했다.

---

15 "이렇게 되오면 수십 년 후에는 문자를 아는 자가 반드시 적어져서, 비록 언문으로써 능히 이사(吏事)를 집행한다 할지라도, 성현의 문자를 알지 못하고 배우지 않아서 담을 대하는 것처럼 사리의 옳고 그름에 어두울 것이오니, 언문에만 능숙한들 장차 무엇에 쓸 것이옵니까. 우리나라에서 오래 쌓아 내려온 우문(右文)의 교화가 점차로 땅을 쓸어버린 듯이 없어질까 두렵습니다. 전에는 이두가 비록 문자 밖의 것이 아닐지라도 유식한 사람은 오히려 야비하게 여겨 이문(吏文)으로써 바꾸려고 생각하였는데, 하물며 언문은 문자와 조금도 관련됨이 없고 오로지 시골의 상말을 쓴 것이겠습니까. 가령 언문이 전조(前朝) 때부터 있었다 하여도 오늘의 문명한 정치에 변로지도(變魯至道)하려는 뜻으로서 오히려 그대로 물려받을 수 있겠습니까. 반드시 고쳐 새롭게 하자고 의논하는 자가 있을 것으로서 이는 환하게 알 수 있는 이치이옵니다. 옛 것을 싫어하고 새 것을 좋아하는 것은 고금에 통한 우환이온데, 이번의 언문은 새롭고 기이한 한 가지 기예(技藝)에 지나지 못한 것으로서, 학문에 방해됨이 있고 정치에 유익함이 없으므로, 아무리 되풀이하여 생각하여도 그 옳은 것을 볼 수 없사옵니다."(언문제작의 부당함을 아뢴 상소문, 최만리, 1444년 2월 20일, 조선왕조실록)

영어학자의 눈에 비친 **한국어의 힘**

세종대왕이 시도한 세 가지 국한문 혼용 표기법

세종대왕은 한글을 만들자마자 두 가지 실험을 했다. 하나는 한글이 배우기 쉬운 글자인가를 확인하는 것이었다. 다른 하나는 한국어를 글로 쓸 수 있는가를 확인하는 것이었다. 한글을 반포한 다음 해인 1447년에 세종대왕은 곧바로 한국어를 글로 표기하기 위해 한자와 한글을 혼용하는 데 가능한 모든 방법을 시험했다.

첫 번째 방법은 '한자-한글 혼용방식'이었다. 『용비어천가』에서 시도한 방법으로 한자어 단어는 한자로 쓰고, 나머지는 한글을 사용하는 혼용방식이었다. 이는 해방 이후 한글전용이 이루어지기까지 우리가 사용하던 방식인데, 세종대왕이 한글 창제 후 가장 먼저 시도한 방법이었다.

海東 六龍이 ᄂᆞᄅᆞ샤 일마다 天福이시니

우리나라의 여섯 성군이 나시어 하시는 일마다 하늘이 내리신 복이십니다 (『용비어천가』)

용비어천가

두 번째 방법은 '한자·한글 혼용-한글로 음 달기 방식'을 시도했다. 이는 한자-한글 혼용 방식에서 한 걸음 나아가 한자를 혼용하되, 한자 옆에 한글로 그 음을 표기하는 방법이었다. 이 방법은『석보상절』에서 실험되었다.

世^셰尊^존이 象^썅頭^뚱山^산애가샤龍^룡과鬼^귕神^씬과 위하야說^셜法^법하더시다

세존이 쌍둥산에 가서 용과 귀신을 위하여 설법하셨다 (『석보상절』)

석보상절

마지막으로 한 걸음 더 나아가 '한글전용-한자 괄호 표기 방식'을 시도했다. 이는『월인천강지곡』에서 사용한 방법으로 모든 문장을 한글로 쓰되 한자어에서 온 단어의 한자를 작게 표기하는 방식이었다.

영어학자의 눈에 비친 한국어의 힘

셰^世존^尊ㅅ말ㅿ보리니 쳔^千지^載쌍^上ㅅ말이시나귀예듣논가너기ᄉ 봉쇼셔

석가세존의 말씀을 사뢰리니 천년 전의 말이시지만 지금 귀에 듣는 듯이

생각하십시오 (『월인천강지곡』)

월인천강지곡

특히 『월인천강지곡』에서 모든 문장을 한글로 쓰고, 필요한 경우 한글 밑에 작게 한자를 표시한 시도는 한자의 테두리에서 완전히 벗어난 한글 위주의 문서가 가능한가를 실험한 첫 번째 시도였다.

『훈민정음 언해』의 언문일치 실험

세종대왕이 한글을 만든 이유 중 하나는 한문(중국어)을 모르는 사람이더라도 중국 고전이나 한문(중국어)으로 되어 있는 문서를 한국어로 읽을 수 있도록 하기 위해서였다. 이를 위해서는 한문으로 된

원서를 한국어로 번역할 수 있어야 했다.

　한문을 한국어로 번역한 대표적인 예는 『훈민정음 언해』이다. 『훈민정음 언해』는 한문(중국어)으로 작성되어 있는 『훈민정음』 원본을 한국어로 번역한 책이다. 『훈민정음 언해』는 먼저 훈민정음의 본문을 한 구절 쓰고 그 아래에 본문에 사용된 한자의 뜻을 하나씩 한글로 풀이했다. 그리고 다음 줄에 한국어 해석을 한글로 표기했다. 예를 들면 '國之語音'이'를 먼저 쓴 뒤, '國은 나라이다. 之는 입겿(어조사)이다'하는 식으로 각각의 한자에 대한 풀이를 썼다. 그리고 옆줄에 한국어 번역인 '나랏 말싸미'를 나란히 썼다. 『훈민정음 언해』는 어려운 한문 원서를 한국어로 풀어서 글로 쓸 수 있다는 것을 처음으로 증명하며, 한국어가 고급 지식을 전달할 수 없는 열등한 언어라는 고정관념을 깨트렸다.

『훈민정음』 원본

『훈민정음 언해』

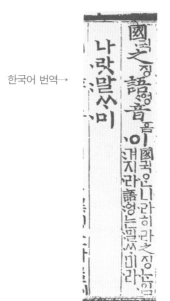

한국어 번역→

← 원문 한 구절

← 본문에 사용된 한자의 뜻을 한글로 풀이

　한글 창제는 세계 최고의 과학적인 문자의 발명이라는 점뿐만 아니라, 한국어를 말로만이 아닌 글로 쓸 수 있는 기회를 열었다는 점에서 큰 의의가 있다. 한글 창제는 한국어를 공식어로 사용하고, 동시에 모든 정보를 한국어로 기록하여 남길 수 있는 가능성을 제공했다. 만약 조선이 중국어라는 제국 언어에서 자유로울 수만 있었다면, 5백 년 전에 한글과 한자를 혼용하였더라도 한국어를 공식어로 사용할 수 있었을 것이다. 만약 그랬다면, 조선은 이중언어 사회에서 벗어나 말하기 언어와 쓰기 언어가 일치되고, 공식어와 생활어가 통합된 단일언어 사회로 발전할 수 있었다. 더불어 제국 언어의 권력성에서 벗어나 평등한 교육과 정보의 공유를 보장하며, 조선의 민주화를 앞당길 수 있었을 것이다.

최초의 단일언어 시대를 연 고종의 대한제국 칙령 제1호

세종대왕이 그토록 바랐던 조선의 언어 통일이 처음으로 공식화된 것은 1894년 고종칙령에 의해서였다. 세종대왕이 한글을 창제한 지 450년 만의 일이었다. 고종 칙령은 한국어를 공식어로 인정하며, 한반도의 단일언어 시대를 최초로 선포한 상징적인 사건이었다.

한반도에서 공식어와 생활어가 하나로 통일된 단일언어 시대가 열린 것은 지금으로부터 겨우 117년 전의 일이다. 고종은 1894년에 대한제국 칙령에서 조선의 공식 언어를 다음과 같이 정비하였다.

> 법률 명령은 다 국문으로 본을 삼고 한문 번역을 붙이며, 혹 국한문을 혼용한다. (고종칙령 제1호 공문서식 제14조, 1894년(고종 31년))

고종 칙령의 가장 큰 의의는 처음으로 한국어를 '공식어'로 채택하여 천 년의 이중언어 사회에 종지부를 찍고, 한반도를 '단일언어' 사회로 통합시켰다는 점이다. 고종칙령으로 비록 한자가 섞인 문장이라 하더라도, 한국어가 공식어로 인정되었다. 비록 한일합방으로 인해 겨우 16년이라는 짧은 시간 만에 단일언어 시대가 중단되었으나, 그 의미는 한글의 발명 이상으로 큰 것이었다.

중국어를 견뎌낸 한국어

중국은 지난 수천 년간 동양의 제국이었으며, 한반도는 2천 년 이상 중국어를 공식어로 사용한 이중언어 사회였다. 그런데도 한국어가 중국어로 통합되지 않고, 지금까지 유지된 것은 어떻게 생각하면 차라리 신기한 일이다. 천 년 전에 유럽의 넓은 지역에서 사용되던 켈트어가 영어와 프랑스어에 잠식되어간 역사와 비교해 보면 더욱 그렇다. 한국어가 중국어의 권력성을 견뎌내며 사멸되지 않고 살아남을 수 있었던 이유는 무엇일까? 조선인들이 모어를 지키겠다는 주체의식이 강했기 때문이었을까? 아니다. 부끄럽게도 그렇지 않다.

한국어가 살아남을 수 있었던 첫 번째 이유는 조선이 중국의 중심부에서 멀리 떨어진 변방에 있었기 때문이다. 중국의 입장에서 볼 때, 조선은 중심국이 아니라 주변국이었다. 중국이 조선을 통제할 수 있을 만큼 조선의 양반들이 중국어(한문)을 사용하는 한, 한반도 전체에 중국어를 강요할 필요가 없었다. 중국 본토 내에서조차 현실적으로 각 지역의 언어를 통일하기 어려웠으며, 한문으로 통제가 되는 한 조선의 언어를 바꾸도록 강요할 필요가 없었다.

두 번째 이유는 조선에서 한문은 양반층이 독점한 소수를 위한 언어였기 때문이다. 한문은 양반들이 자신들의 기득권을 유지하는 중요한 수단이었다. 따라서 양반들은 한문을 학습할 수 있는 기회를 특정한 계급의 사람들에게만 부여하고, 일반 백성들에게 보급하고자 하는 노력을 하지 않았다.

세 번째 이유는 중국어와 한국어는 언어 자체가 매우 달라서 누군가가 의도적으로 조선의 언어를 중국어화 시키려는 시도가 있거나 혹은 모든 백성이 중국어를 배우기를 원한다고 하더라도, 실제로 다수의 백성들이 중국어를 배워서 전 백성의 언어가 중국어화 되는 것은 불가능했기 때문이다.

세종실록에 보면, 양반 자제들의 조기 중국 유학에 관한 흥미로운 기사가 있다.[16] 내용인 즉, 조선이 명나라의 선덕왕에게 조공을 바치면서, 조선의 자제들이 중국의 북경이나 요동에서 유학할 수 있도록 허락해달라고 요청했다. 선덕왕이 이를 거절하는 대신에 책을 4권 하사하며, 그것으로 조선의 자제 교육에 활용하라고 전하자, 명에서는 어린 학생들을 외국에 보내어 교육시키는 것이 인륜에 어긋나는 것이 아닌가를 걱정한다는 답신을 보냈다.

명나라에서 조선의 유학생들을 받아들일 것을 거절하자, 조선 조정의 공신들이 대책을 논의한다. 세종대왕은 중국의 국경에 가까운 의주로 학생들을 보내어, 요동으로 왕래하며 중국어를 배우게 하면 어떨 것인가를 제안했다. 이에 대해 의정부와 육조에서는 요동의 중국어 발음은 바르지 않으니, 차라리 자제들을 사역원에 근무시키면서 중국 발음으로 된 책으로 학습하게 하고, 사신이 북경에 갈 때 함께 파견하여 중국어를 학습하게 하는 것이 좋겠다고 제안했다.[17]

---

16 『조선왕조실록』 세종 62권, 15년(1433 계축 / 명 선덕(宣德) 8년) 12월 13일(임술) 1번째 기사 / '박안신이 가져온 칙서의 개·인삼의 진헌 문제와 자제들을 중국 학교에 입학 교육시키는 문제 등을 논의하다'
17 사역원(司譯院)은 통역 사무를 맡아 보던 관청이다. 조선 태조 2년(1393년)에 설립되었으며, 한학(漢學)·여진학(女眞學)·몽학(蒙學)·왜학(倭學)을 주로 취급하였다. 국제관계에서 통역과 번역 업무를 관장하고, 역관을 양성하고 외국어 교재도 간행했다.

영어학자의 눈에 비친 한국어의 힘

세종 15년(1433) 12월 13일 '박안신이 가져온 칙서의 개·인삼의 진헌 문제와 자제들을 중국 학교에 입학 교육시키는 문제 등을 논의하다'

천추사(千秋使) 박안신(朴安臣)이 칙서(勅書) 2통을 전사(傳寫)하여 가지고 와서 먼저 통사(通事) 김옥진(金玉振)을 시켜서 치계(馳啓)하게 하니, (……) 그 하나는,

"주본(奏本)을 보니, 자제(子弟)들을 보내서 북경의 국학이나 혹은 요동(遼東)의 향학(鄕學)에 나아가 글 읽게 하고자 한다고 하였으니, 또한 선을 힘쓰고 도를 구(求)하는 마음을 볼 수 있어서, 짐(朕)이 매우 가상(嘉尙)하게 생각한다. 다만 산천이 멀리 막히고 기후가 같지 아니하여, 자제들이 와도 혹은 오래도록 객지에 편안히 있기 어려울 것이며, 혹은 아버지와 아들이 서로 생각하고 그리워하는 정(情)을 양쪽이 다 이기지 못하게 될 것이 염려된다. 본국 내에서 취학(就學)하여 편의하게 하는 것만 같지 못할 것이니, 지금 왕에게 『오경사서대전(五經四書大全)』1책, 『성리대전(性理大全)』1책, 『통감강목(通鑑綱目)』2벌을 보내니, 자제 교육에 쓰게 하여 왕은 나의 지성스러운 마음을 본받으라" 하였다.

의정부(議政府)와 육조를 불러 의논하기를,

"지금 온 칙서에서 자제들의 중국 학교에 입학하는 것을 허가하지 않았으니, 지금부터는 중국의 학교에 입학할 희망은 이미 끊어졌다. 그러나 중국의 어음(語音)은 사대하는 데 관계가 있는 일로서, 생각하지 않을 수 없는 것이다. 나는 이 자제(子弟)들을 의주(義州)에 보내어 요동(遼東)에

내왕하면서 중국말을 전습(傳習)하게 하고자 하는데 어떻겠는가" 하니,

모두가 아뢰기를, "요동은 중국의 한 지방으로서 어음(語音)이 바르지 않습니다. 신 등은 생각하기를, 전번에 뽑은 자제들을 그대로 사역원(司譯院)에 근무하게 하여 항상 중국 발음으로 된 여러 서적을 익히게 하며, 매년 우리나라 사신이 북경에 갈 때마다 함께 들여보내게 합니다. 이렇게 돌려가며 파견하여 그치지 않는다면, 중국말을 저절로 깨우쳐 능통하게 될 것이라고 봅니다" 하였다.[18]

(……)

6백 년 전 세종대왕도 중국어 교육을 위하여 조기 유학을 생각했고, 조정에서 지역에 따른 중국어 발음의 좋고 나쁨을 논한 점으로 미루어 볼 때 외국어 교육에 대한 고민은 시대와 나라를 막론하고 비슷한 것인지도 모른다는 생각을 하게 하는 대목이다.

세종대왕은 6백 년 전에 이미 모어와 외국어를 포함한 언어의 힘을 누구보다 정확하게 이해하고 있었으며, 외국어 교육을 진흥하고자 노력하였다. 그러나 그 당시에는 중국인 교사가 조선에 오거나 조선인이 중국으로 유학을 가는 것이 매우 어려웠기에 중국어 학습은 지금의 영어 공부보다 훨씬 힘들었다. 따라서 모든 조선인이 중국어를 원했다고 하더라도 현실적으로 중국어가 조선인의 모어인 한국어를 대체할 수 없었다.

---

18 『조선왕조실록』 세종 62권, 15년(1433 계축 / 명 선덕(宣德) 8년) 12월 13일(임술) 1번
째기사 / '박안신이 가져온 칙서의 개 · 인삼의 진헌 문제와 자제들을 중국 학교에 입학
교육시키는 문제 등을 논의하다' 중에서. 인용문은 국사편찬위원회에서 제공하는 조
선왕조실록(http://sillok.history.go.kr) 사이트에서 발췌한 것임.

한반도에서 한국어가 중국어에 정복당하지 않고 살아남은 이유는 조선인들의 주체의식이 강했기 때문이 아니라, 당시의 사회적 배경이 중국어의 대중화를 허락하지 않았기 때문이다. 또한 수백만 명이 넘는 언어 집단의 모어를 임의적으로 교체한다는 것은 현실적으로 거의 불가능한 일이었다. 그 이유가 무엇이었든 간에 한국어가 살아남아 있다가, 오늘날 공식어 역할을 하고 있다는 사실은 우리에게 무엇보다 다행하고 감사한 일이다.

3 민주 언어의 기반을 다진 『서유견문』과 『독립신문』

1894년 한국어가 처음으로 공식어로 인정되었다. 바로 다음 해인 1895년에 우리나라 최초의 국한문 혼용서인 『서유견문』이 출간되었다. 그리고 그 다음해인 1896년에 우리나라 최초의 한글전용 신문인 『독립신문』이 발간되었다. 연 이은 세 건의 한국어 찾기 시도는 오늘의 한국어의 부활을 위한 초석을 다졌다. 『서유견문』은 중국어에 의존하지 않고, 한국어로 세상의 신문명을 공유할 수 있음을 증명했다. 『독립신문』은 민중의 모어로 위정자들의 살림살이를 감시하고, 국제 정세의 흐름을 읽으며 민중의 권리를 수호할 수 있음을 증명했다. 『서유견문』과 『독립신문』은 민주 언어로서의 한국어의 기반을 다지며, 한국어의 힘을 기르기 위한 씨앗을 뿌렸다.

조선 최초의 국비 유학생, 유길준

유길준(1856~1914)은 25세이던 1881년 조선 최초의 국비유학생으로 선발되어 일본 게이오 의숙에서 1년 반의 유학생활을 했다. 이후 통리기무아문의 주사로 임명되어 근대 신문 『한성순보』의 창간에 기여했다. 27세이던 1883년 미국에 파견된 보빙사(우리나라 최초의 서방국가에 파견된 외교 사절단) 대표 민영익의 수행원으로 미국으로 건너가 미국을 시찰한 후, 보스턴에 남아 우리나라 최초의 미국 유학생이 되었다.

유길준이 유학 중이던 1884년 12월 조선에서는 갑신정변이 일어났다. 갑신정변의 실패 소식을 들은 후 2년간의 미국 유학을 접고, 유럽 각국을 순방한 뒤 1885년 귀국했으나, 개화당으로 몰려 구금되었다. 7년간의 구금 기간 동안 『서유견문』을 집필하기 시작하여 1895년에 탈고했다. 미국과 유럽을 여행하면서 보고 느낀 바를 적은 기행문인 『서유견문』을 국한문 혼용체로 써서 양반 지식인들의 비난을 받기도 했다. 그러나 그의 책은 언문일치에 선구적 역할을 하였으며, 책에 담긴 개화사상은 갑오개혁의 사상적 배경이 되었다.

『서유견문』에서 시도한 언문일치

『서유견문』은 우리나라 최초의 국한문 혼용체 저술이자 최초의 서양 문물 소개서이다. 유길준은 『서유견문』을 완성한 후 친구에게 원고를 보여주며, 원고에 대해 평해 달라고 부탁했다. 그 친구는 "그대가 참으로 고생하기는 했지만, 우리글과 한자를 섞어 쓴 것이 문장가의 궤도를 벗어났으니, 안목이 있는 사람들에게 비방과 웃음을 면치 못할 것이다"(유길준: 25쪽)라고 말하며 우려했다. 친구의 우려에 대해 유길준은 국한문혼용으로 글을 쓴 목적에 대해 세 가지로 그 이유를 밝혔다.

첫째, "말하고자 하는 뜻을 평이하게 전하는 것을 위주로 하였으니, 글자를 조금만 아는 자라도 (이 책의 내용을) 쉽게 알 수 있도록 하기 위해서다"(유길준: 26쪽)라고 말했다. 유길준이 국한문혼용을 택한 첫 번째 이유는 글을 읽는 독자들을 배려하기 위해서였다. 이 책의 독자는 조선인인데, 조선인에게는 한국어가 가장 이해하기 쉬운 언어이기 때문이다. 아무리 한문을 배운 사대부 양반이라 하더라도 중국어로 된 순 한문 글보다는 한자가 섞여있더라도 한국어로 된 글이 이해하기 더 쉽다. 오늘날 한국에서 영어공부를 많이 한 사람이라 하더라도 영어 원서보다는 한국어로 된 책이 훨씬 이해하기 쉬운 것과 마찬가지이다.

둘째, "내가 책을 읽은 것이 적어서 글 짓는 법이 미숙하기 때문에 기록하기 쉽게 하기 위해서다. 우리나라 칠서언해의 기사법을 대략 본받아서 상세하고도 분명한 기록이 되도록 하기 위해서다"(유길준: 27쪽)라고 말했다.[19] 유길준이 국한문혼용을 택한 두 번째 이유는 글을 쓴 저자 자신이 한국어로 글을 쓰는 것이 더 쉬웠기 때문이다. 그는 한문으로 글을 쓰는 것보다 한자어를 빌려다 쓰더라도 한국어로 글을 쓸 때 내용을 훨씬 더 자세하고 분명하게 기록할 수 있다고 말했다. 이는 한문을 많이 공부한 사람이라 하더라도, 조선인은 한문보다는 한국어로 글을 쓰는 것이 쉽다는 것을 고백한 것이다. 오늘날 한국인이 영어를 잘한다고 하더라도, 영어로 쓰는 것보다는 한국어로 쓰는 것이 더 쉽고, 전하고자 하는 내용을 분명하고 자세하게 전달할 수 있는 것과 마찬가지이다.

셋째, "세계 여러 나라를 둘러보면 각 나라의 말이 다르기 때문에 글자도 따라서 같지 않으니, 무릇 말은 사람의 생각이 소리로 나타난 것이요, 글자는 사람의 생각이 형상으로 나타난 것이다. 그러므

---

19 칠서언해: 사서삼경(四書三經)의 한글 번역서. 사서와 삼경의 원문에 한글로 글자의 음과 토를 달고 각 장 끝에 우리말 번역문을 붙인 것으로, 『논어언해』, 『맹자언해』, 『중용언해』, 『대학언해』, 『시경언해』, 『서경언해』, 『주역언해』가 있다. 1576년(선조 9) 왕명에 의하여 이이가 사서를 번역하고, 1585년 교정청을 설치하여 1588년 7서의 번역본을 완성하고 간행하였다. 그 뒤 임진왜란 때 소실된 것을 1601년 교정청에서 재간하였다.

로 말과 글자를 나누어 보면 둘이지만 합하면 하나가 되는 것이다"
(유길준: 26쪽)라고 말했다. 유길준이 국한문혼용을 택한 세 번째 이유
는 언문일치의 중요성을 깨달았기 때문이다. 유길준은 중국의 경계
를 벗어나 서양 세계를 돌아보면서, 서양의 선진국들은 모두 말과
글이 일치하는 사회를 이루고 있으며, 조선의 근대화를 위해서는 언
문일치가 반드시 이루어져야 한다는 믿음을 가지게 되었다. 그는 모
든 민중이 새로운 지식과 정보를 공유해야 하며, 조선인은 말뿐만
아니라 글도 한국어로 읽고 쓸 때 가장 쉽고 정확하게 이해할 수 있
다는 것을 깨달았다. 그리고 그의 깨달음을 누구보다 먼저 실천으로
옮겼다. 유길준이 시도한 국한문혼용체는 조선어의 언문일치를 위
한 첫걸음이었다.

『서유견문』의 출판은 조선에 많은 영향을 미쳤다. 1896년 2월 아
관파천이 일어나 유길준이 역적으로 몰려 망명객이 되면서 『서유견
문』은 금서가 되었다. 그러나 신문에 많은 영향을 주어, 『독립신문』,
『황성신문』 등이 『서유견문』의 내용을 옮겨 실음으로써 여러 사람
이 그 내용을 접할 수 있었다. 또 갑오경장의 중심 사상이 되는 등 조
선인들에게 많은 영향을 미쳤다.

민주 언어의 기반을 다진 『독립신문』

『독립신문』은 서재필과 주시경 등을 중심으로 독립협회에서 1896
년 4월 7일 발행을 시작했다. 첫해에는 4면 중에서 3면은 한글전용인
『독립신문』으로 편집하고, 나머지 1면은 영문판인 *The Independent*로

편집하여 4면으로 발행하였다. 1899년 12월 4일 자로 폐간될 때까지 3년 8개월간 한글전용으로 발행했다.

『독립신문』을 한글전용으로 발간하는 목적에 대하여 『독립신문』 창간사에서 다음과 같이 밝히고 있다.

> 우리 신문이 한문을 아니 쓰고 다만 국문만 쓰는 것은 상하귀천(모든 사람)이 다 볼 수 있도록 함이다. (…중략…) 그러므로 정부에서 내리는 명령과 국가 문서를 한문으로만 쓴 즉 한문을 모르는 사람은 남의 말만 듣고 무슨 명령인 줄 알고 자기가 직접 그 글을 못 보니 그 사람은 무단히 바보가 된다. (…중략…) 우리 신문은 빈부귀천에 상관없이 이 신문을 보고 외국 물정과 국내 사정을 알게 하려는 뜻이니 남녀노소 상하귀천 간에 우리 신문을 격일로 몇 달간 보면 새 지식과 새 학문이 생길 것을 미리 아노라. (『독립신문』 창간사)

서재필은 조선의 민주주의자였다. 그는 조선의 정치를 개혁하여 민주정치가 실현되고, 제국들의 위협으로부터 조선이 독립을 유지하려면, 민중을 계몽해서 여론을 일으키는 것이 가장 필요하다고 생각했다. 『독립신문』은 19세기 말 조선의 민중을 계몽하며, 한국어를 민주 언어로 승격시킨 기념비적인 사업이었다.

『독립신문』의 수난

『독립신문』은 창간사에서 민중을 위한 대변자가 되어 정부가 하는 일을 백성에게 전하고, 백성의 정세를 정부에 알리며, 부정부패

탐관오리 등을 고발할 것을 천명하였다. 그러나 한문 중심의 기득권 세력과 밀려드는 제국의 위협 속에서『독립신문』의 길은 험난했다. 『독립신문』의 탄압에 대해 서재필은 다음과 같이 말했다.

> 너무 급격한 개혁 운동을 하다가는 일신상 불리한 일이 많을 것인즉, 개혁 운동을 하더라도 서서히 하라고 권고하는 사람도 있었고, 어떤 기사는 신문에 내지 말라고 뇌물을 주려는 자도 있었으며, 자기네의 그늘진 정치적 음모를 폭로한다면 신변에 위험이 있으리라고 협박을 하는 자까지 있었다.
>
> 그렇지만 나는 그 모든 것에 귀를 막고, 한 신문인으로서의 책임과 의무를 다하기에 노력하였다. 그와 같이 매수에도 응하지 않고 압박에도 굴하지 않자, 그네들은 온갖 방법으로 나의 사업을 방해하기 시작한 바, 나중에는 우편물을 차압함으로써 신문의 지방 배달을 못하게 하였다. (윤치호: 64~65쪽)

『독립신문』이 정부의 탄압을 받는 한편 수구파의 미움을 사게 되자 서재필은 1898년 5월 미국으로 돌아가며, 윤치호에게『독립신문』을 맡겼다.『독립신문』을 인수하게 되었을 때, 윤치호는『독립신문』의 역할에 대해 다음과 같이 평가했다.

> 『독립신문』의 국문판과 영문판을 통한, 특히 국문판을 통한 서재필 박사의 사업은 아무리 높이 평가해도 과하지 않다. 국문판을 통해서 그는 압박 받는 한국인들에게 모든 인간이 태어날 때부터 평등하다는 사실─그것이 앵글로색슨이나 라틴 민족의 이론이기 때문이 아니라, 그것이 천부의 것이며 인류의 보편적인 이론이기 때문에 진리인 사실─을 가르쳐 주었다. (…중략…)

한편, 외국인들은『독립신문』의 영문판을 통해서 이 중축적인 아름다운 아침의 나라에서 매일 일어나는 사건들의 상세한 내용을 알게 되었다. (…중략…)『독립신문』의 필요성이 여전히 존재하고 우리가 그것을 절실히 느끼는 한, 우리는『독립신문』을 계속하지 않으면 안 된다. (윤치호: 65~66쪽)

『독립신문』을 맡게 된 윤치호는 격일로 주 3회 발행하던 것을 1898년 7월 1일부터 일간으로 발전시켰다. 그러나 1898년 12월 정부의 탄압으로 독립협회가 강제 해산되고, 1899년 1월 윤치호가 덕원감리로 임명되어 원산으로 가게 되자, H.G. 아펜젤러가 한동안 주필이 되었다가, 6월 1일부터는 영국인 엠벌리가 맡았다. 그 후 대한제국 정부가『독립신문』을 매수하여 1899년 12월 4일자 신문을 마지막으로 폐간되었다.

『독립신문』은 3년 8개월 만에 중단되었다. 그러나 그 정신은 살아남아 백 년 후 한국의 민주화와 국제화를 이끌어가는 지표가 되고 있다.

특히『독립신문』의 영문판을 함께 발행한 서재필의 정신은 국제화 시대의 한국인들에게 한국어와 영어는 양자택일의 문제가 아니라는 메시지를 이미 백 년 전부터 전하고 있었다.『독립신문』의 국문판은 어느 시대이건 한국의 언론은 한국인들에게 세상의 흐름을 가장 쉽고 빠르고 정확하게 전하기 위해서, 쉬운 한국어를 써야 한다는 지표를 주었다.『독립신문』의 영문판은 세계를 향해서는 한국의 목소리를 국제어에 담아 전해야 한다는 지표를 주었다.

영어학자의 눈에 비친 한국어의 힘

4 │ 한국어를 사멸 위기로 몰았던 일본어 제국주의

천 년 이상 중국 제국의 지배를 견디어냈던 한국어가 지구상에서 완전히 사라질 수도 있었던 위기가 일제 강점기 36년 동안에 일어났다. 짧았지만 혹독했던 일본의 언어제국 정책이 30년만 더 지속되었더라면 한국어는 사멸하였을지도 모른다.

중국의 천 년에 비하여, 일본의 40년이 훨씬 위험했던 이유는 세 가지이다. 첫째, 일본이 조선의 문화와 조선의 언어 자체를 말살하고자 하는 의도가 분명했다. 둘째, 일본이 이런 의도를 실현하기 위하여 직접적인 방법과 간접적인 방법 모두를 동원하여 적극적이고 강력한 정책을 펼쳤다. 셋째, 일본어와 한국어가 매우 비슷한 언어구조를 가지고 있었다는 점이다.

중국은 조선의 언어에 대하여 일본처럼 집요하지 않았다. 또한 언어구조가 완전히 달라서 누구나 중국어를 배우기 어려웠으며, 강제적이고 지속적인 언어교육을 실시한다고 하더라도 언어교체는 어려웠다. 그러나 일본어는 달랐다. 한국어와 일본어는 그 언어구조와 어휘가 매우 유사해서 강제적으로 일본어 교육을 실시하고, 한국어 사용을 제재할 경우, 일본어로의 언어교체는 중국어에 비해 훨씬 쉽게 일어날 수 있는 일이었다.

한국어의 힘을 키워준 일본의 언어 제국주의

『사라져 가는 목소리들』의 저자 다니엘 네틀과 수잔 로메인은 지배 제국의 강압적인 언어 정책에 대하여 다음과 같이 말한다.

역사적으로 볼 때 지배 집단들이 소수 집단을 강제로 와해시킨 경우는 많았다. 여기에 동원된 수단 중 하나가 지배 집단의 언어를 강요하는 것이다. 재미있는 사실은 이런 고약한 정책의 효과가 그다지 크지 않았다는 것이다. 어떤 언어를 열등하다고 낙인찍는 것은, 경우에 따라서는 상징적인 저항과 결사의 징표로서 그 언어의 가치를 더 높여주기도 한다. (D. 네틀, S. 로메인: 156쪽)

두 저자가 말했던 것처럼 언어를 직접 겨냥한 언어탄압 정책은 피지배 언어를 말살시키는 데 큰 효과를 발휘하지 못한다. 언어에 대한 직접적인 탄압은 피지배인들이 제국 언어에 저항하고, 자신들의 언어를 중심으로 단결하게 만드는 경향이 있다. 실제로 일본의 식민지 정책 하에 한국어 탄압 정책이 실시되었을 때, 한국어는 조선인들을 단결시키고, 한민족의 정체성을 유지시키는 구심점이 되었다. 또한 한국어가 역사 이래 가장 활발하게 사용되고 발전하게 되는 계기를 제공했다.

1894년에 고종 칙령으로 한국어가 공식적인 국어로 인정되었지만, 그 당시 한국어의 힘은 미미한 것이었다. 유길준이 『서유견문』을 국한문혼용으로 쓴 것에 대하여 유학자들이 비난했을 때, 유길준은 "우리나라의 글자는 우리 선왕께서 창조하신 글자요, 한자는 중국과 함께 쓰는 글자이니, 나는 오히려 우리 글자만을 순수하게 쓰지 못한 것을 불만스럽게 생각한다. 외국 사람들과 국교를 이미 맺었으니, 온 나라 사람들—상하, 귀천, 부인, 어린이를 가릴 것 없이 저들의 형편을 알지 못해서는 안 될 것이다. 그러니 서투르고도 껄끄러운 한자로 얼크러진 글을 지어서 실정을 전하는 데 어긋남이 있기보다는, 유창한

영어학자의 눈에 비친 한국어의 힘

글과 친근한 말을 통하여 사실 그대로의 상황을 힘써 나타내는 것이 올바르다고 생각한다"(유길준: 26쪽)고 말하였다. 그러나 한국어의 유용성에 대한 유길준의 믿음에도 불구하고, 유길준이 쓴 『서유견문』은 한국어보다 중국어 크리올에 가까웠다. 『서유견문』은 천 년 이상 구어로만 사용되어온 한국어가 현재의 한국어의 수준으로 발전하기까지 수많은 정비가 필요한 상태였다.

고종칙령 당시 조선인들의 의식 수준은 아직 한국어를 공식어로 받아들일 준비가 되어 있지 않았다. 한국어의 언어체계 또한 공식어로 사용하기 어려울 만큼 미비한 상태였다. 그러나 일본의 침입으로 조선이 무너지기 시작했을 때, 조선의 선각자들은 무엇보다 먼저 한국어의 언어 체계를 정비하고, 한국어를 국민의 교육에 활용하고자 했으며, 한국어가 그 어느 때보다 활발하게 사용되기 시작했다. 유길준은 1909년에 한국어의 첫 번째 문법서인 『대한문전』을 간행했다. 주시경은 1910년에 『민족어에 관한 문법』을, 1914년에는 『음성학 서적』을 출판하며, 한국어의 문법체계를 정비하기 시작했다. 최현배는 1937년에 『우리말본』을 출판하여 한국어에 관한 기본 문법서를 완성했다. 1929년에는 조선어사전편찬회가 조직되어 사전편찬을 위한 연구로 '한글맞춤법통일안', '외래어표기' 등 국어의 제반 규칙을 연구·정리하였다. 이천 년 이상 생활어로만 사용되던 한국어가 실질적인 언어체계의 정비를 통해 공식어로 사용될 준비를 시작한 것은 이때가 처음이었다.

그러던 중 1942년 조선어학회사건으로 조선어학회 관련 학자들이 수감되면서, 조선어학회가 해산되어 주춤하게 되었다. 조선어학회사건은 함흥의 여학교 학생이었던 박영옥이 기차 안에서 한국어로 대화하다가 경찰에 발각되어 취조를 받던 중, 사전 편찬을 담당하던 정태진이 관련되었다는 것이 알려졌고, 이를 빌미로 조선어학회를 독립운동단체로 몰아 관련자들을 구속한 사건이다. 33명이 검거되어 혹독한 고문을 받았고, 48명이 취조를 받았으며, 33명 중 16명을 '조선 민족정신을 유지한' 내란죄로 함흥형무소에 수감하였다. 일제는 조선인들을 압박하기 위해 1936년에 '조선사상범보호관찰령'을 공포하고, 1939년 4월부터 학교의 조선어 과목을 전폐하였으며, 1941년에는 '조선사상범 예방구금령'을 공포했다.

조선에 대한 일본의 언어탄압 정책은 세계 역사에 기록될 만큼 혹독한 것이었지만, 한국어가 사멸되지 않고 발전할 수 있었던 이유 중의 하나는 바로 일본 제국주의에 대항하기 위한 한국어의 수호였다.

일본어 제국주의의 한국어 탄압

직접적인 언어탄압으로 식민지인의 언어를 사멸시키기는 쉽지 않다. 피지배 언어를 사멸로 이끄는 가장 효과적인 탄압은 경제적 혹은 사회적 제재를 통한 간접적인 언어탄압이다. 일제 말기 일본은 조선어 말살정책이라는 직접적인 언어탄압과 함께 신사참배, 창씨개명, 역사왜곡 등 사회적 탄압을 가했다. 이와 함께 일본의 정책에 동참하는 사람들에게 경제적인 보상, 취업 기회의 확대 등의 사회적 보상 정책을 펼쳤으며, 그 효과는 막대하여 한국어를 사멸의 위기로 몰았다.

일본은 1905년 을사보호조약 이후부터 실질적으로 40년간 조선을 식민지화하였으며, 식민지 통치 기간 내내 일본어의 보급을 신성한 임무로 여겼다. 그러나 초기에 일본어의 보급률은 빨리 늘지 않았다. 일제 강점기가 시작된 후 10년 동안 일본인들이 일본어 교육에 심혈을 기울였지만, 일본어를 어느 정도 이해하는 조선인은 전체 인구 중 1%에 불과했다.[20] 이는 독재에 가까운 탄압을 동원하지 않는한, 민중의 모어를 교체하는 것이 얼마나 어려운 일인가를 보여주는 실제 예이다.

그러나 식민지 시대 중 마지막 10년 동안 행해진 강력한 조선어 말살정책과 이와 함께 병행된 사회 경제적인 탄압은 한국어를 사멸의 위기로 몰아넣었다. 다음의 기사는 당시 조선 학생들을 대상으로 한 언어말살정책이 얼마나 혹독한 것이었는가를 보여준다.

신학기 개교 후 5년생의 생도가 수학여행에서 돌아오는 도중 열차 안에서 무의식적으로 조선어를 사용하고 있을 때 인솔교원에게 발각되어 귀교후 무기정학처분을 받았다. 또 어느 날 생도가 학교에서 귀가하던 중 조선어를 사용하고 있을 때 우연히 같은 학교 직원이 들어 무기정학처분을 받았다. (『조선일보』, 1937.5.15)

---

[20] 1921년에 조선 총독부 학무국이 발표한 팸플릿 '국어 보급의 상황'에 따르면, 1919년 12월 말일 현재 조선인 중 '국어(일본어)'로 "보통 회화에 지장이 없는 자"는 108,276명(남 100,059명; 여 8,217명), '국어(일본어)'를 "다소 이해할 수 있는 자"는 232,390명(남 201,353명; 여 31,037명)이었다. 이 자료에는 "조선인 중 국어(일본어)를 이해하는 자의 인구에 대한 비율표"가 실려 있는데, 인구 1,000명당으로 표시된 그 수를 백분율로 고치면, "보통 회화에 지장이 없는 자"는 남자 0.596%, 여자 0.049%, "다소 이해할 수 있는 자"는 남자 1.200%, 여자 0.185%에 지나지 않아, 남자의 98.204% 여자의 99.766%는 '국어(일본어)'를 "이해하지 못하는 자"였던 것이다. 이연숙, 고영진·임경화 역, 『국어라는 사상』, 소명출판, 2006, 296~297쪽.

중일전쟁(1937) 초반부터 내선일체라는 구호 아래 모든 한국어 출판이 금지되었다. 길거리에서 한국말을 쓰는 것조차 금지했으며, 그것으로도 부족해서 조선총독부는 '집에서 일본어를 사용하는 가정들'에는 명예증서를 수여하기도 했다. (A. 파브르: 338쪽)

일본은 일본어 전용 정책이라는 직접적인 언어탄압과 함께 창씨개명과 같은 사회적 탄압으로, 언어와 민족을 동시에 말살시키는 정책을 실행하였다. 당시의 조선 총독이었던 미나미 지로우는 1939년 11월 10일 조선민사령을 개정하여, 조선인의 성씨를 일본식으로 바꾸도록 강제하였다. 창씨개명은 1940년 2월 11일부터 6개월간에 걸쳐서 강행되었다. 처음 3개월 동안에는 신청률이 7.6%에 불과했다. 그러나 창씨개명에 응하지 않는 사람들에게는 자녀의 학교 입학 금지, 총독부 관계 기관에의 취업 불가, 행정 민원서류 취급 불가, 우편 배달 제외 등의 강력한 사회 경제적 제재를 가하였다. 결국 마감 시한인 1940년 8월까지 창씨개명률을 80%까지 끌어올렸다.[21]

일본어 몰입교육의 파괴력

조선어 말살정책의 파괴력이 얼마나 강력한 것인가에 대한 구체적인 예를 재일 시인 김시종의 경우에서 찾아볼 수 있다. 김시종은 어린 시절 철저했던 일본어 교육이 자신에게 미친 영향에 대해 다음

---

21 '(어제의 오늘) 1940년 일제, 조선인 창씨개명 실시', 『경향신문』, 2010.2.10.

영어학자의 눈에 비친 한국어의 힘

과 같이 고백했다고 한다.

> 나는, 일본의 연호로 말하면, 쇼와 4년에 태어났기 때문에, 당시는 보통학교라고 불리던 초등학교였습니다만, 그 보통학교에 진학하는 단계에서는 이미, 조선에서의 일본의 식민지 통치는 완전히 정비되어 있었습니다. 나는 그 시대에 성장했습니다. 나에게, 철이 들기 전, 사물을 기억하기 시작한 나에게 닥친 식민지라는 것은, 사회과학적으로 실증한다면, 아주 악랄한 수탈을 당하는 곳이라는 뜻이 됩니다만, 그것이 한창 자랄 나이인 나에게는 그러한 악랄한 물리적인 것이 아니었던 것이지요.
> 나에게 닥쳐온 식민지라는 것은, 아주 정다운 일본의 동요였고, 창가였고, 다키 렌타로의 '꽃'과 '황성의 달'이었습니다.
> 정감이 풍부한 일본의 노래는 내 몸을 완전히 감싸 안아, 아무런 저항도 없이 나를 신생 일본인으로 만들어 주었습니다. 식민지 통치가 악랄하고, 혹독한 것이라는 것은, 틀림없는 역사적 사실입니다. 그러나, 인간이 변한다는 것은, 그러한 물리적 폭력에 의해서만이 아니라, 오히려 가장 심정적인 극히 일상적 차원의 온화한 기분 속에서, 그렇게 되어서는 안 될 사람이 그렇게 되어 버리는 것이지요. (우카이 사토시: 516~517쪽)

김시종의 예는 일본 리듬과 동요로 어린아이의 마음에 파고든 일본어가 조선 어린이들의 언어뿐만 아니라 정신과 정서까지 일본화하게 만드는 과정을 가장 확실하고 생생하게 보여준다. 일본어 제국주의 시대 36년은 위험했다. 일본이 집중적으로 언어 제국화를 꾀했던 짧은 10년의 영향이 우리에게 미친 정도를 보면 가히 그 위력을 알 수 있다. 김시종의 고백을 들으며 떠오르는 불안은 엄마의 뱃속에서부터 영어 동요로 교육받고 있는 요즘 우리 아이들의 정신이다.

한국어가 일제 강점기를 견디고 살아남을 수 있었던 이유는 조선인의 항일운동이 철저했기 때문이 아니라, 일제의 언어말살 정책 기간이 10년을 넘지 않고 끝났기 때문이다. 만약 학교에서 어린 조선 학생들에게 강요되는 일본어 전용 정책이 30년 정도 더 지속되었다면, 그리고 강력한 사회경제적 제재와 보상이 공공생활과 가정의 일상 생활에까지 실행되었다면, 한 세대(30년) 이후 한국어는 지구상에서 소멸하고, 일본어만 남게 되었을 것이다.

멀지만 길었던 중국제국의 변방국으로서의 천 년의 세월을 넘기고, 짧았지만 혹독했던 일본의 언어 제국주의의 탄압을 견디어내고 살아남은 한국어가 공식어의 역할을 하게 되었을 때, 그리하여 한국어가 한국 사회에서 교육과 정보 교환의 주역을 담당하게 되었을 때, 비로소 한국은 민주사회가 될 기반을 찾았다. 한국어의 생명력이 오늘의 한국을 만드는 밑거름이었다.

영어학자의 눈에 비친 **한국어의 힘**

5 세 번째 제국 언어 영어의 공격

세계는 지금 언어 전쟁 중이며, 지구상에 존재하는 6천 개의 언어 중에서 90% 이상의 언어가 사멸 위기에 처해 있다고 말한다. 현재도 14일 마다 한 개씩 언어가 사라지고 있으며, 영어의 확산으로 백 년 내에 지구상에는 6백 개 미만의 언어만 남게 될 것이라는 보고도 있다. 한국어도 사멸의 위기에서 안전하지 않다고 경고하기도 한다. 영어의 확산이라는 세계적 동향 속에서 한국어는 얼마나 위험한 것일까?

언어 소멸의 세 가지 유형

인간 사회에서 사용되던 언어가 한 순간에 갑자기 사라지는 경우는 없다. 사멸의 길 위에 선 언어들을 주제로 한 『사라져 가는 목소리들』의 저자는 언어 소멸의 유형을 인구 소멸, 강제적 교체, 자발적 교체의 세 가지로 나누었다. 첫째는, 인구가 감소하여 인구 소멸과 함께 언어가 사라지는 경우이다. 둘째는, 제국의 강압적인 정책에 의하여 피지배 민족의 언어가 제국의 언어로 교체되는 경우이다. 셋째는, 자발적으로 지배 언어에 동화하면서, 민족어를 포기하는 경우이다.

언어 소멸의 첫 번째 유형은 인구 유실로 인해 언어가 소멸하는 경우이다. 이는 지난 5백 년 동안 신대륙에서 흔히 일어났던 일로, 유럽인들이 아메리카 대륙으로 진출한 후 유럽인들이 퍼뜨린 전염병과 정복 전쟁으로 아메리카 원주민이 50~90% 이상 죽었다. 이와 함께 대부분의 아메리카 원주민의 언어들도 사라졌다. 다니엘 네틀과 수잔 로메인은 아메리카 대륙에서의 언어 소멸을 다음과 같이 보고한다.

천연두, 홍역, 말라리아, 황열병 등의 전염병이 대륙을 휩쓸면서 아메리카 원주민의 95%가 죽어갔다. 카리브 해의 토착 인구도 거의 사라졌다. 아메리카에서 가장 조밀했던 중부 멕시코의 인구는 1519년에 2천 5백만 명 정도에서 1580년에는 2백만 명으로 줄었다. 다른 지역도 이렇게 심하지는 않더라도 거의 그에 필적할 만큼 인구가 감소했다. (…중략…) 1962년에 실시된 상세한 조사에 따르면 북아메리카에는 당시까지 약 210종의 토착어가 사용되고 있었다. 그러나 그중 모든 연령층의 사용자를 보유한 언어는 89종에 불과했다. 더구나 86개의 언어는 사용자 수가 백 명 미만이었다. (D. 네틀, S. 로메인: 199~203쪽)

두 번째 유형은, 강압에 의해서 식민지 언어가 지배 언어로 강제로 교체되는 경우이다. 이 두 번째 유형은 한국인들이 가장 쉽게 이해할 수 있는 언어 소멸 유형이다. 한국어가 일제의 강압에 의해 언어말살의 위기를 경험했기 때문이다. 우리는 일본 제국주의에도 불구하고 한국어 사멸에서 벗어났다. 그러나 15세기 스페인과 포르투갈의 식민지 확장과 함께 남아메리카 대륙의 수많은 언어가 사라지고, 스페인어와 포르투갈어가 남아메리카 대륙의 언어를 대체했다.

언어 소멸의 세 번째 유형은 자발적인 언어교체이다. 이 경우는 한 언어 사회의 구성원들이 자신의 언어보다 다른 언어를 사용하는 것이 더 이익이 된다고 생각하여, 자발적으로 자신의 모어를 포기하고 다른 언어를 채택하여 사용하는 경우이다. 자발적인 언어교체는

　영어학자의 눈에 비친 **한국어의 힘**

수십 년에서 수백 년에 걸쳐 점진적으로 일어난다. 가장 쉬운 예는 미국에 이주한 이탈리아인들, 동양계 이민자들, 멕시코 이민자들처럼 새로운 땅에 이주한 사람들에게서 찾을 수 있다. 자발적인 언어 교체가 진행되는 첫 번째 과정은 공식적인 장에서의 모국어 사용을 포기하면서 시작된다. 예를 들면, 학교나 직장, 법원이나 무역 등의 공적인 업무에서는 영어를 사용하고, 모어는 가족과 친구들 사이에서만 사용하다가, 점차적으로 모어 자체를 잃어버리게 된다. 이민자들 중 1세대들은 대부분 모어를 유지하지만, 2세대, 3세대를 거치면서 미국 사회에 적응하는 과정에서 모어가 다음 세대로 전해지지 않아 사멸하게 된다. 자발적인 언어교체가 국가와 같은 큰 집단에서 진행된 경우는 많지 않다.

한국어가 사멸할 수 없는 이유

우리의 관심은 '한국어가 사멸할 것인가?'이다. 한국어는 사멸하지 않을 것이다. 첫째, 한국어를 모국어로 사용하는 인구의 수가 충분히 많아서, 인구 감소에 의한 언어 사멸이 일어날 수 없기 때문이다. 다니엘 네틀과 수잔 로메인에 의하면, 언어 사용자가 1만 명 이하일 때 언어가 사멸할 위험성이 매우 높고, 10만 명부터 1백만 명 이상인 경우에는 사멸의 위험으로부터 당분간 안전하다고 예측한다. 그리고 현재 5, 6천 개의 언어 중에서 약 60%의 언어가 1만 명 이하로 위험에 처해있다고 한다. 오늘날 한국어를 모국어로 사용하는 인구수는 7천 8백만 명으로, 세계 16위에 해당한다. 7천 8백만 명이라는 언어 사용자 크기만으로도 한국어는 사라지기 힘들다.

둘째, 제국의 강압에 의한 한국어의 언어말살도 불가능하다. 일제하의 한국어 말살정책의 경험은 한국인의 의식 속에 뿌리 깊은 민족어 의식을 키웠다. 어느 순간이고 우리의 언어가 위험한 지경에 이르렀다고 의식하는 순간, 누구보다 굳건히 단결하여, 민족과 언어를 지켜낼 의지와 힘이 유전자 내에 각인되어 있다. 이 두 가지 이유만으로도 한반도가 천재지변으로 한 순간에 사라지지 않는 한 한국어는 사멸하지 않을 것이다.

영어가 제국 일본어보다 더 위험한 이유

일본의 언어 제국주의를 극복한 한국어는 제국의 강압에 의해서는 사멸하지 않을 것이라고 단호히 말했다. 그럼에도 불구하고 무시할 수 없는 세 번째 제국 언어가 다시 공격하고 있다. 누구나 알고 있는 영어의 공격이다. 한국어가 인구 소멸이나 강제적 교체에 의해서 소멸될 가능성은 없다. 그러나 한국어가 자발적인 언어교체를 겪으며, 공식어의 자리에서 밀려나 과거 조선시대처럼 생활어의 역할만 하는 하위어로 전락하여, 명맥만 유지하게 될 위험성이 매우 크다. 한국어는 이미 영어에게 상위어의 자리를 양보하고 있다.

영어와 프랑스어에 의해 사멸되고 있는 켈트어는 자발적인 언어교체의 대표적인 사례이다. 켈트어는 서기 1000년경까지 유럽 대륙의 많은 지역에서 사용되던 언어였다. 이 시기까지 켈트어는 아일랜드, 영국 서부, 프랑스 북서부에서 사용되고 있었다. 이후 9백여 년

영어학자의 눈에 비친 한국어의 힘

동안 영어와 프랑스어가 확장됨에 따라 점차 밀려나게 되었다. 켈트어가 영어나 프랑스어로 대체될 때 언제나 비슷한 양상을 보이며, 3대에 걸쳐 언어교체가 일어났다. 부모 세대가 켈트어 하나만을 쓰더라도, 영어나 프랑스어의 경계선 부근에 사는 아이들은 두 언어를 쓰는 경향을 보였다. 부모들이 두 언어를 사용하는 곳에서는 아이들은 지배적인 언어 하나만을 사용하는 경향을 보였다.(D. 네틀, S. 로메인: 229~232쪽)

자발적인 언어교체는 수십 년이 걸릴 수도 있고, 수백 년에 걸쳐 천천히 일어날 수도 있다. 그러나 그 과정은 비슷해서 1단계에서는 모어만 사용하던 사회가 2단계에서는 모어와 영어를 병용하는 이중언어 사회가 되고, 마지막 3단계에서는 모어는 사멸하고, 영어만 사용하는 단일언어 사회가 된다. 그리고 이러한 과정은 경제활동이 활발한 도시에서 더 빨리 일어난다.

다니엘 네틀과 수잔 로메인은 유럽 대륙에서 켈트어를 사용하던 사회가 영어를 선호하게 되는 가장 기본적인 동기는 영어가 켈트어로 얻을 수 없는 경제적 활동의 기회를 제공해 주었기 때문이라고 설명한다. "영어는 분명 많은 경우에 미래의 언어, 입신양명을 가능하게 하는 언어로 받아들여졌다. 반면, 지방어는 "촌스럽고, 침체되고 …… 친근하고, 감정적이고, 우스꽝스러우며", 그리고 "가난과 사회적인 열등함과 같은 의미"이다. 아이들은 영어 사용자를 역할 모델로 삼았고, 종종 부모나 교사들이 그렇게 하도록 조장했다. …… 웨일스에서도 어떤 부모들은 영어를 더 잘하게 하려고 일부러 아이들 앞에서는 웨일스어를 쓰지 않았다"(D. 네틀, S. 로메인: 233쪽)고 말했다.

19세기 유럽 대륙의 한쪽 끝에서 일어났던 일이 지금 한반도에서 똑같이 일어나고 있다. 오늘날 한반도에서 영어 능력은 경제적 보장과 사회적 상승을 위한 보증서와 같은 역할을 하고 있다. 부모들은 자식들에게 이 보증서를 얻어주기 위해 할 수 있는 모든 일을 하고 있다.

영어가 제국 일본어보다 더 무서운 이유는 일본어 제국주의는 눈에 보이는 강압에 의한 강제적인 교육이었던 반면에, 영어의 확산은 시민의 자발적인 참여인 것처럼 느껴지는 숨은 영어 헤게모니에 의해 조장되고 있기 때문이다. 조선인들은 일본어의 강요에 대해 저항의식을 가지고 있었다. 그러나 영어의 경우는 다르다. 미국에 의한 눈에 보이는 강제가 없으며, 국민들이 자신의 필요에 따라 자발적으로 원한다고 생각하고 있다. 따라서 영어의 위험성에 대해 경계심이 없다. 또한 영어의 권력성에 대해 의심하지도 않는다.

그러나 다니엘 네틀과 수잔 로메인은 제국 언어가 가지고 있는 권력성에 대해 다음과 같이 경고한다.

> 경제적 도약은 양면성을 지니고 있다. 경제의 도약은 한편으로 일반인에게 새로운 경제적 기회를 제공해 준다. 그러나 다른 한편으로는 엘리트 계급의 영향력과 통제력을 증진시킬 수 있는 기술과 제도를 제공함으로써, 유례없는 지배의 기회를 부여해준다. (…중략…) 이 모든 사례에서 영국의 엘리트들은, 정도의 차이는 있지만 무력으로 사회적 경제적 집단에 대한 지배적 위치를 차지했고, 경제 생산의 방향을 자신들이나 그들과 동류의 계층에게 유리하도록 바꾸었다. 이 점이 중요한 이유는 켈트의 젊은이들이 자신들의 언어만으로 경제적 사회적 성공을 거둔 본받을 만한 인물을 찾을 수 없게 되었음을 의미하기 때문이다. 사실, 영국이나 프랑스는 모두 그런 인물이 나타나지 못하도록 하려고 애썼다. (D. 네틀, S. 로메인: 234~235쪽)

그렇다. 영어는 한국인들이 국제사회에서 경제활동을 하기 위한 중요한 수단이다. 그리고 영어 능력은 일반인들에게 좀 더 좋은 조건의 직장을 얻을 수 있는 기회를 제공해준다. 그러나 다른 한편으로 영어를 잘하는 그룹들이 새로운 엘리트 계급으로 등장하여, 우리 사회를 지배하는 위치를 차지하고 있다. 다니엘 네틀과 수잔 로메인의 경고 중에서 가장 두려운 것은 "켈트의 젊은이들이 자신들의 언어만으로 경제적 사회적 성공을 거둔 본받을 만한 인물을 찾을 수 없게 되었다"는 것이다.

우리도 자문해 보아야 한다. 현재 우리사회에서 한국어만으로 경제적·사회적 성공을 거두어 젊은이들의 존경을 받는 인물들을 과연 찾을 수 있을까?

외국인들이 이해하는 한국과 일본의 언어 상황

미국의 중앙정보부(CIA)에서 운영하는 월드팩트북(The World Factbook)에는 일본과 한국에 대해 다음과 같이 소개하고 있다.

일본
인종: 일본인 98.5%, 한국인 0.5%, 중국인 0.4%, 기타 0.6%
언어: 일본어

한국
인종: 단일민족 (약 20,000명의 중국인 제외)
언어: 한국어, 중·고등학교에서 영어가 광범위하게 교육됨

자료: https://www.cia.gov/library/publications/the-world-factbook

월드팩트북은 일본에는 소수의 여러 인종이 모여 있지만, 언어는 일본어 하나만을 사용하는 반면 한국은 단일민족이지만, 언어는 한국어를 사용하면서, 영어를 중·고등학교에서 열심히 가르치는 나라라고 소개한다.

일본과 한국 모두 단일언어를 사용하는 단일언어 국가이다. 그리고 두 나라 모두 단일언어 국가에서 자생한 영어공용화 논쟁으로 세상의 주목을 받았던 나라들이다. 그런데 국제 사회에서 유독 한국만 한국어가 국어이지만, 영어를 열심히 가르치고 배우는 나라로 명기될 만큼 한국의 영어교육이 과열된 상황에 대해 다시 한 번 생각해 보아야 할 때이다.

영어학자의 눈에 비친 **한국어의 힘**

제3장
한국어의 힘

"

모든 인간에게 가장 쉬운 언어는 자신의 모어이다. 한국인에게는 한국어가 가장 쉽고, 빠르게, 그리고 정확하게 정보를 전달하고 전달받을 수 있는 언어이다. 한국인에게 한국어가 중요한 이유는 바로 한국어가 모든 민중에게 가장 쉬운 언어이기 때문이다.

지난 60년간 한국이 이루어낸 기적에 가까운 정치적, 경제적, 사회적 발전은 한국어가 공식어의 역할을 하며, 모든 국민이 언어 차별 없이 한국어로 교육을 받고, 경제 활동을 하고, 국가 경영에 참여하는 가운데 자신의 권리를 한국어로 지킬 수 있었기 때문이다.

인류의 언어 역사에서 이천 년 이상 제국 언어의 지배를 받았던 민중이 자신의 모어를 공식어로 채택하여, 오늘날 한국인들처럼 실질적인 공식어로 활발하게 사용하는 예는 없다. 그리고 그 모국어로 오늘의 한국과 같은 민주화를 이룬 예는 더욱 없다.

이것이 우리가 기억해야 하는 한국어의 힘이다. 21세기 정보화 시대에 한국인에게 한국어가 중요한 이유는 한국어가 모든 사람이 가장 쉽고 공평하게 교육 받고, 정보를 공유하고, 공식생활을 할 수 있도록 도와주는 민주화의 기본 도구이기 때문이다.

"

|1| 단일언어 사회의 힘

한국이 단일언어 사회로 전환함으로써 가지게 된 힘의 크기를 확인하는 쉬운 방법 중 하나는 비슷한 상황에서 출발한 이중언어 사회와 비교해보는 것이다. 제2차 세계대전을 전후로 한국과 가장 비슷한 배경을 가진 나라는 한국과 필리핀이다. 필리핀의 사례는 단일언어 사회의 힘이 무엇인지 알려주는 증거이다.

한국은 1960년대까지도 필리핀보다 가난했던 나라이다. 그러나 지금은 정치, 사회, 경제적인 모든 측면에서 필리핀이 따라올 수 없을 만큼 장족의 발전을 하며, 전 세계를 놀라게 하고 있다. 이런 역전의 결과가 어디에서 온 것일까? 여러 가지 이유가 있겠지만, 두 나라의 가장 근본적인 차이는 언어 환경의 차이이다. 해방 후 한국은 국민의 모어로 통일된 단일언어 사회를 이루어 교육과 경제를 운영할 수 있었다. 그러나 필리핀은 170여 개에 달하는 국민들의 모어를 통합할 수 없었다. 따라서 국민의 모어를 생활어로, 영어를 공식어로 사용하는 이중언어 사회를 운영할 수밖에 없었다. 필리핀은 대부분의 이중언어 사회가 겪는 어려움을 고스란히 겪고 있다.

이중언어 국가의 고난

필리핀은 16세기에 스페인의 식민지가 된 후 2백 년 이상 스페인의 식민지였다. 그 후 1898년에는 미국의 식민지가 되었으며, 1942년부터 일본의 식민지 지배를 받았고, 1946년에 독립했다. 인구는 2010년 현재 9천 9백만이며, 다민족 국가로 사용되는 언어의 수가 170여 개에 이른다. 그중 타갈로그인이 28.1%, 세부아노인이 13.1%이다.

영어학자의 눈에 비친 **한국어의 힘**

국어는 타갈로그어이고, 공용어로 영어와 타갈로그어가 지정되어 있다. 그러나 실제로 공식어로 사용되는 것은 영어이다. 모든 계약서는 영어로 작성되고, 신문과 방송도 영어 위주로 보도된다. 대학에서의 강의도 대부분 영어로 진행된다.

필리핀에서 실질적으로 영어가 공용어로 사용된 지 백 년이 넘었다. 그러면 지금 필리핀 사람들은 모두 영어를 잘할까? 그렇지 않다. 필리핀에서 중·고등학교를 졸업한 학생들 중에서 영어로 의사소통이 원활한 학생의 비율은 7% 정도라고 한다.(모종린: 8쪽) 이는 1억에 가까운 필리핀인 중에서 영어를 제대로 할 줄 아는 사람은 7백만 명 정도이고, 나머지 9천 3백만 인구는 영어를 하지 못한다는 뜻이다.

다른 말로 하면, 백 년 이상의 영어공용화에도 불구하고, 7% 정도의 상위층 계급을 제외한 대부분의 민중은 영어 능력의 부족으로 인해 국가의 정치와 경제에서 소외당하고 있다는 뜻이다. 이는 과거 조선시대와 다를 바 없다. 필리핀이 독립한 지 60년이 지났지만, 영어 능력은 과거와 다름없이 국민을 상위층과 하위층으로 가르는 요인이다. 그리고 소수의 상위층이 정치와 경제의 기득권을 독점하게 만들어 주는 권력의 도구이다.

필리핀보다 상황이 더 열악한 나라는 인도이다. 인도는 2010년 현재 11억 7천만 명의 인구이며, 공식어로 지정된 언어만 해도 18개이다. 2001년 인구 조사에 의하면, 3천372개의 민족어가 있고, 이중 10만 명 이상의 인구가 사용 중인 언어가 216개였다. 물론 가장 중요한 공식어는 영어이며, 정부의 모든 업무와 정치, 경제에 관한 중요한 사항들은 영어로 처리된다. 그러나 영어공용화가 이루어진지 2백년 이상이 된 인도에서, 영어를 조금이라도 구사할 수 있는 인구는 전체의 10%에 불과하며, 문맹률은 40%에 달한다.(월드 팩트 북) 이는 적어도 10억 이상의 인구가 교육과 공식생활에서 소외당하며, 언어 차별을 받고 있다는 뜻이다.

　필리핀이나 인도처럼 영어권의 식민지였던 나라들이 독립 후에도 영어를 공용어로 사용하는 이유는 세 가지이다. 첫째는 이들의 민족어가 매우 다양해서 필리핀인이나 인도인끼리 민족어로 의사소통하는 것이 불가능하기 때문이다. 둘째는 식민지 시대에 영어를 공식어로 사용하여, 법률 문서에서부터 민간인의 서류까지 모두 영어로 작성해왔기 때문에, 민족어로 공문서를 작성하는 것 자체가 현실적으로 불가능하기 때문이다. 이는 마치 19세기 말 조선인들이 법률 문서를 한국어로 작성하는 것이 어려웠던 것과 비슷한 상황이다. 셋째는 민족어 중 어떤 한 언어를 골라 통일하고자 하면, 곧바로 민족 갈등의 소지가 되기 때문이다. 영어는 어떤 민족의 언어가 아닌 중립적인 언어이고, 따라서 영어를 공식어로 채택하면 민족 간의 갈등을 피할 수 있기 때문에 채택하는 것이다. 결국 이들은 영어를 공식어로 채택할 수밖에 없기 때문에 영어공용화를 하고 있을 뿐이다.

　이 나라들의 사례는 영어를 공식어로 사용한 지 1, 2백 년이 넘어도, 전 국민이 영어로 공식생활을 민주적으로 할 수 없다는 것을 보여준다. 오늘의 한국의 발전이 가능했던 첫 번째 이유는 한국어가 공식어의 역할을 하여, 모든 민중이 평등한 교육 기회를 누리고, 경제 활동과 정치에 참여할 수 있었기 때문이다.

　　　　　　　　　　　영어학자의 눈에 비친 한국어의 힘

경제성장의 원동력으로서의 한국어

필리핀은 1900년부터 1960년대까지 한국보다 잘 사는 나라였다.
다음은 1900년부터 2010년까지 필리핀과 한국의 1인당 국민총생산
(GDP)의 변화를 비교한 결과이다.

한국, 필리핀의 1인당 GDP 비교

	한국	필리핀
1900	673	719
1910	699	938
1920	910	1,384
1930	845	1,483
1940	1,307	1,618
1950	743	1,149
1960	1,137	1,585
1970	2,141	1,894
1980	4,331	2,550
1990	9,764	2,387
2000	16,996	2연도599
2009	23,875	3,204

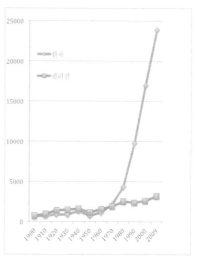

자료: http://www.gapminder.org

필리핀은 1900년 이후 1960년까지 계속 우리보다 GDP가 높았다.
1960년까지도 그들이 우리보다 부자인 나라였다. 그러나 1970년부터
역전되기 시작한 GDP는 점점 그 격차가 벌어져서, 1980년에 2배,
1990년 이후에는 4배, 2009년에는 8배 가까이의 격차를 보이고 있다.
필리핀과 한국의 차이는 경제에 국한된 것이 아니다. 정치의 민주화
와 정보 공유의 민주화도 경제적 격차 못지않게 크다. 그리고 필리핀

이 겪고 있는 열악한 상황은 이중언어 사회의 한계에서 오는 것이다.

170개의 언어가 사용되는 이중언어 국가인 필리핀에서 국민을 하나로 단합하기는 쉽지 않다. 전혀 의사소통이 되지 않는 다른 언어를 사용하는 다민족을 하나로 통합할 방법이 없기 때문이다. 또한 전 국민을 대상으로 공교육을 효율적으로 실시하기도 어렵다. 이런 상황 속에서는 영어 실력에 따른 빈부의 격차는 점점 커질 수밖에 없다. 영어는 민중의 모어가 아니기 때문에 배우기 어렵고, 이미 영어를 알고 있는 과거의 기득권자들이 교육과 권력과 경제를 독점할 수밖에 없다. 과거 영어권의 식민지였던 동남아 대부분의 나라들이 필리핀과 비슷한 어려움을 겪고 있다.

반면에 한국은 필리핀과 비슷한 시기에 식민지 지배를 받았던 과거를 가지고 있다. 그러나 독립한 지 30년 후부터 정치, 사회, 경제 등 사회 전반에 걸쳐 필리핀과 급격한 차이를 보이며, 발전의 속도를 높이고 있다. 그 이유는 한국이 단일언어 사회의 강점을 십분 살리며, 부지런히 움직였기 때문이다. 우리가 한국어를 공식어로 채택하여, 모든 국민이 평등하게 교육과 정치와 경제에 참여할 수 있었다. 그리고 그 효과가 눈으로 나타나기까지 한 세대, 30년이 필요했다. 그 후 기반을 잡기 시작한 단일언어 사회에서 모든 국민이 한국어로 세상의 흐름을 파악하고, 경제생활을 하게 되었을 때, 한강의 기적을 이룰 수 있었다. 오늘의 한국의 성장 뒤에는 한국어로 통일된 언어 기반이 있었다.

영어학자의 눈에 비친 한국어의 힘

2 모국어 교육의 힘

한국은 1945년 해방 당시 문맹률이 77.8%에 달하는 문맹국이었다. 그러나 60년 만에 5천만 명이라는 거대한 수의 국민 교육을 감당하며, OECD 국가 중에서 국어(읽기), 수학, 과학 분야의 실력이 가장 높은 나라로 비약했다. 이는 국민의 교육이 한국어로 실시되지 않았다면, 어떤 교육열과 근면성을 가지고도 불가능했을 결과이다. 그리고 이와 같은 모국어를 기반으로 한 교육, 행정, 경제의 경영이 한국을 세계 최빈국의 대열에서 오늘의 경제 대국으로 발돋움시키는 기틀을 마련했다.

OECD 최고의 학력

국제적으로 OECD 국가의 중학생(15세)의 읽기, 수학, 과학 분야의 성적을 비교하여 연구 발표하는 프로그램이 있다. 바로 국제학업성취도 평가(PISA; Program for International Student Assessment)이다. 2000년에 시작하여 3년마다 실시하는 이 평가에서 한국 학생들이 계속 최상위 그룹에 속해 있었다. 가장 최근의 연구 결과는 PISA 2009였다. 이 조사에는 OECD에 속한 34개국과 OECD에 속하지 않은 41개의 국가(혹은 도시)가 참여하여, 총 75개의 국가(혹은 도시)가 참여했다. PISA 2009의 조사 결과, 한국 학생들은 OECD 국가의 학생들 중에서 읽기 1위, 수학 1위, 과학 3위의 성적을 올리며, 명실 공히 OECD 최고의 자리를 차지했다. 전체 순위에서는 상해, 홍콩, 싱가포르가 우위를 보이고 있지만, 상해와 홍콩은 도시 단위로 참여한 경우이고, 싱가포르는 OECD 국가가 아니다.

PISA 2009 수학 국가순위 비교

국가	점수	전체 순위	OECD 순위
상해	600	1	
싱가포르	562	2	
홍콩	555	3	
한국	546	4	1
대만	543	5	
핀란드	541	6	2
리히텐스타인	536	7	
스위스	534	8	3
일본	529	9	4

PISA 2009 읽기 국가순위 비교

국가	점수	전체 순위	OECD 순위
상해	556	1	
한국	539	2	1
핀란드	536	3	2
홍콩	533	4	
싱가포르	526	5	
캐나다	524	6	3
뉴질랜드	521	7	4
일본	520	8	5

PISA 2009 과학 국가순위 비교

국가	점수	전체 순위	OECD 순위
상해	575	1	
핀란드	554	2	1
홍콩	549	3	
싱가포르	542	4	
일본	539	5	2
한국	538	6	3
뉴질랜드	532	7	4

자료: http://www.oecd.org

영어학자의 눈에 비친 한국어의 힘

PISA 2009에서 한국 학생들의 약진의 결과가 세계인을 놀라게 했다. 한국 학생들의 이와 같은 성취도의 밑바탕에는 한국인 특유의 교육열과 한국인의 근면성이 뒷받침하고 있다. 그러나 이에 못지않게 중요한 요인이 하나 있다. 그것은 바로 한국의 공교육이 한국어로 실시되고 있다는 점이다. 한국인의 교육열과 근면성은 해방 이후 갑자기 생긴 것이 아니다. 조선시대 내내 아니면 그보다 훨씬 이전부터 한국인들은 누구에 지지 않는 교육열을 가지고 있었다. 그러나 똑같은 교육열과 근면성을 가지고도 조선시대까지의 교육에는 한계가 있었다. 바로 한자와 중국어가 교육 언어이자 공식어였다는 이중언어 사회의 한계이다. 지금까지 한자와 한문에 의존한 공교육이 실시되고 있다면, PISA 2009의 성과를 올릴 수 없었을 것이다.

모국어와 국민교육

PISA 2009에서 최상위에 오른 세 나라는 한국과 일본, 핀란드이다. 이 세 나라의 국민 교육 뒤에는 모국어의 힘이 있다. 한국과 일본은 세계에 가장 잘 알려진 단일언어 국가이며, 당연히 모든 교육을 국민의 모국어로 실시하고 있다. 핀란드는 핀족이 93%, 스웨덴족이 6%를 차지하는 인종 분포를 가지고 있는 나라로, 핀란드어와 스웨덴어가 국어이자 공식어인 이중언어 국가이다. 그러나 실질적으로는 핀란드어를 모어로 하는 사람의 비율이 90%를 넘으며, 이 나라 역시 국민의 대부분이 자신의 모어로 교육을 받고, 경제생활을 하고 있다.

한국의 쾌거는 핀란드와 비교할 때, 더욱 그 빛을 발한다. 핀란드는 PISA 2000 이후 실질적으로 1등을 유지해 온 나라이다. 핀란드는 제2차 세계대전에서 소련과 2번의 전쟁을 치렀으며, 1980년대부터 농업국에서 근대산업국가로 변신하며, 사회 경제적으로 비약적인 발전을 한 나라이다. 한국, 일본, 핀란드 모두 전쟁의 폐허를 딛고 일어나, 세계 최고의 교육 국가가 되었다는 점에서 공통적이다. 그러나 한국이나 일본의 성과가 핀란드의 성과에 비해 더 큰 의의를 가지는 이유는 그 인구 규모에 있다.

PISA 2009 읽기, 수학, 과학 국가 순위 비교

	인구수	국어		수학		과학	
		점수	순위	점수	순위	점수	순위
한국	4천 9백만	539	1	546	1	538	3
핀란드	5백 30만	536	2	541	2	554	1
일본	1억 2천 6백만	520	5	529	4	539	2
OECD평균		493		496		501	

자료: http://www.oecd.org

표에서 보이는 것처럼 2011년 6월 기준 인구수는 일본이 1억 2천 6백만 명, 한국이 4천 9백만 명이다. 반면에 핀란드는 5백 30만 명으로, 우리나라의 1/10, 일본의 1/25 정도의 작은 인구 규모를 가지고 있다. 이는 한국과 일본이 감당해야 하는 국민의 숫자로 볼 때, 한국은 핀란드의 10배, 일본은 25배의 부담을 가지고 있음에도 불구하고, 핀란드와 비슷한 성과를 내고 있다는 뜻이다. 이것이 세계의 교육계를 놀라게 만든 또 다른 획기적인 성과였다. 이와 같은 교육성과에 대해, 한국인 스스로 자신들의 교육열과 근면함, 그리고 무엇보다 자신의 모국어로 이루어낸 교육성과에 대해 충분히 자랑하고, 자부

영어학자의 눈에 비친 한국어의 힘

심을 가져도 좋다. 이는 한국인의 자만심을 키우기 위해서가 아니라, 한국어로 이루어지는 국민 교육의 중요성을 다시 한 번 기억하기 위해서이다.

3 싱가포르의 이중언어 정책과 모국어의 정체성

싱가포르 정부는 자신들의 이중언어 정책이 싱가포르의 경제 발전에 크게 기여했을 뿐만 아니라, 국가의 사회, 정치적 안정에 지대한 기여를 했다고 자평한다. 한국인들은 한국어로 통일된 단일언어 정책으로 싱가포르에 못지않은 경제 발전과 함께 사회의 민주화를 이루었다. 싱가포르와 한국의 차이는 싱가포르는 국가 발전을 이중 언어의 힘에서 나왔다고 자부하는 반면에, 한국은 단일언어의 힘으로 더 놀라운 위업을 이루어 놓고도 한국의 발전이 한국어의 힘에 의한 것이었다는 것을 잘 의식하지도 못하고, 자부하지도 못한다는 점이다.

싱가포르의 다민족, 다중언어 역사

싱가포르 정부는 자신들의 이중언어 정책에 대해 큰 자부심을 가지고 있다. 영어가 국민의 모어가 아닌 국가에서, 전 국민을 상대로 영어를 제1공식어로 하고, 모어 능력도 유지하는 야심찬 목표를 추진하는 세계 유일의 나라라고 자부한다.(Pakir: 86) 싱가포르 정부의 자체 평가 못지않게, 우리나라와 일본인들 중에는 싱가포르를 가장 본받아야 할 이상적인 사례로 생각하는 사람들이 있다.

그러나 겉으로 드러난 싱가포르의 국민 총생산비 숫자와 늘어난 영어 사용자 숫자에만 초점을 맞추어 한국이나 일본의 모델로 삼자고 하는 것은 너무 성급한 판단이다. 싱가포르 내부의 언어 상황을 조금만 들여다보면, 한국인의 모국어 수호가 싱가포르의 이중언어

영어학자의 눈에 비친 **한국어의 힘**

정책을 능가하는 힘을 가지고 있음을 확인할 수 있다. 무엇보다 민중의 모어를 기반으로 오늘의 민주 한국을 이룬 언어 민주주의의 힘을 확인할 수 있다. 그리고 우리가 가야할 방향을 헤아릴 수 있다.

싱가포르의 원주민은 말레이계 민족이다. 1819년 영국의 식민지가 되면서 유럽인들과 영어가 유입되었고, 남방계 중국인들과 인도계의 여러 민족이 이주해 들어와 함께 살게 된 다민족 사회이다. 2000년 인구조사에 의하면, 싱가포르 인구 중에서 중국계가 77%로 싱가포르의 주류를 이루며, 말레이계가 14%, 인도계가 8%, 나머지 민족이 1%를 차지하는 다민족 국가이다. 총 인구가 5백만으로 서울의 1/2 정도의 인구 규모를 가지는 작은 나라이지만, 현재 20개 이상의 언어가 혼용되는 다언어 사회이기도 하다.(Ethnologue, 2011)

싱가포르는 150년 이상 영국의 식민지로 영국의 지배를 받았다. 제2차 세계대전 종전 이후 말레이 연방에 합류했다가 다시 말레이 연방으로부터 분리하여 1963년 싱가포르로 독립했다. 독립 당시 인구는 160만 명 정도였다. 독립 이후 지금까지 중국인이 가장 많은 비중을 차지하고 있지만, 독립 당시 중국어를 국어로 통일할 수 없었다. 그 이유는 두 가지였는데, 하나는 중국어를 국어로 채택할 경우 당시 25%에 달했던 말레이계와 인도계의 싱가포르 원주민들과 인종적인 갈등을 피할 수 없었기 때문이다. 또 다른 이유는 싱가포르에 거주하는 중국인들이 각기 다른 남방계 중국어 방언을 사용하고 있었기 때문에, 중국어를 국어로 지정해도 중국인들끼리 조차 의사소통이 불가능했기 때문이다.

이 문제를 피하기 위해 싱가포르는 국어를 말레이어로 지정하고, 영어를 제1공식어로 지정했으며, 각 민족의 언어인 중국어, 말레이어, 타밀어와 영어를 공용어로 지정했다. 싱가포르가 영어를 제1공식어로 택한 것은 자연스러운 해결 방법이었다. 왜냐하면 150년 이상 싱가포르에서 영어가 공식어로서 모든 정부, 행정, 사법과 관련된 업무들이 영어로 진행되어 왔었고, 민족 간의 언어 갈등을 최소화하면서, 언어가 통하지 않는 민족들을 연결해 주는 다리 역할을 할 수 있는 언어는 영어 밖에 없었기 때문이다.

싱가포르는 1966년부터 초등학교에서 이중언어 교육을 의무화했고, 1969년부터는 중등학교에서도 이중언어 교육이 의무적으로 실시되었다. 싱가포르의 이중언어 정책은 영어를 제1언어로 배우고, 모든 공문서의 처리를 영어로 하되, 자신의 모어를 유지하여 이중언어 능력을 가지도록 하는 것이었다. 그러나 독재에 가까운 영어 정책에도 불구하고, 현재 중국어 사용자가 35%, 영어 23%, 말레이어 14.1%, 타밀어가 3.2%이다.(월드팩트북, 2011) 그리고 중국어와 영어가 혼합된 싱글리시(Singlish)와 말레이어와 영어가 혼합된 싱글레이(Singlay)라는 영어 변종어가 확산되고 있다.

리콴유의 북경어 정책

싱가포르의 독립 이후 30여 년간 총리로 지낸 리콴유가 이중언어 정책과 함께 펼친 또 하나의 언어정책은 싱가포르의 중국계 사람들이 사용하고 있는 여러 가지 중국어를 북경어 하나로 통합하는 정책이었다. 그는 30년 전에 '북경어 말하기 캠페인(Speak Mandarin Campaign)'을 시작했다. 이 캠페인이 필요했던 이유는 60~70년대에 대부분의 싱가포르 중국인들이 북경어가 아닌 광동어나 그 외의 다른 중국 방언을 사용하고 있었기 때문이다. 당시 싱가포르의 중국인들은 북경어를 잘 사용하지 못했다. 방송에서도 중국 방언으로 프로그램이 진행되었다. 리콴유는 싱가포르의 중국어를 북경어로 통일하기 위하여, 1979년부터 중국 방언으로 방송되던 모든 라디오와 텔레비전 프로그램을 금지시키고, 북경어만 사용하도록 강제했다. 그는 북경어를 사용하면, 중국의 13억 인구와 의사소통을 할 수 있지만, 중국 방언을 사용하면 광동 지역과 홍콩 등에 사는 1억 6천 명 정도의 중국인들과 교류할 수 있을 뿐이라고 생각했기 때문에 북경어 사용 정책을 실시했다고 말한다. 강력한 북경어 사용 정책을 실시한 지 30년 후, 북경어를 사용하는 사람이 35%가 되었다. 리콴유는 앞으로 60년 내에 북경어가 모든 싱가포르 중국인의 모어가 될 것이라고 예측했다. 이는 역으로 말하면, 지금까지 싱가포르 중국인들이 사용하던 7개 이상의 중국어가 사멸한다는 뜻이기도 하다.

리콴유는 국가가 하나로 통일되기 위해서는 모든 국민이 공통의 언어를 사용할 수 있어야 한다고 말한다. 국민이 공통의 언어로 정부와 그리고 국민들 사이에 의사소통이 가능할 때, 통일된 힘을 발휘할 수 있다고 말한다.[22] 싱가포르가 오늘의 사회, 경제적 발전을 이룬 요인 중 하나는 다민족 국가인 그들이 그나마 영어로 서로 커뮤니케이션을 할 수 있고, 여러 방언을 사용하던 중국인들끼리 북경어를 공통으로 사용하기 때문이다.

---

[22] Speech by Mr. Lee Kuan Yew, Minister Mentor, at Speak Mandarin Campaign's 30th Anniversary Launch, 17 March 2009.

싱글리시와 표준 영어의 갈등

싱가포르 정부가 영어를 제1공식어로 지정했을 때, 정부가 지향한 영어는 영국식 표준 영어였다. 그러나 정부가 강력한 이중언어 정책을 도입한 이 후 1970년대에 들어서면서 싱가포르 국민들 사이에서는 싱가포르식 영어가 확산되기 시작했다. 싱글리시라고 불리는 이 언어는 어휘는 주로 영어 단어에서 가져오고, 문법은 중국어나 말레이어에서 가져온 일종의 영어 변종어(잉글리시 크리올)이다. 싱글리시는 표준 영어와는 달라서, 외국인들은 싱글리시를 이해하지 못하는 경우가 많다.

싱글리시에서 '세이양(sayang)'은 '사랑(love)'을 의미하고, '마칸(makan)'은 '먹다(eat)'를, '하비스(habis)'는 '끝내다(finish)'를, '침(cheem)'은 '어려운(difficult)'을 의미한다. 또 '앙 모(ang mo)'는 '백인(a white person)'을 의미한다. 이런 어휘들은 말레이어나 중국 방언에서 유래한 것들이다. 싱글리시는 발음도 표준 영어와 많은 차이를 가지고 있으며, 문법적으로도 차이가 난다. 예를 들면, 표준 영어에서 반드시 필요한 현재나 과거시제를 표시하는 어미들과 복수 어미들을 생략하는 경향이 있다. 또 be동사를 자주 생략한다. 그리고 영어에는 없는 ah(동의를 기대할 때), lah(강한 주장을 할 때), what(수정할 때)와 같은 11개의 불변화사를 사용한다.

You go where? (Where did you go?)

She so pretty. (She is so pretty)

Then bicycle go first ah. (So the bicycle went first.)

영어학자의 눈에 비친 한국어의 힘

You know what happen lah. Fine. (Do you know what happened? I got fined.)

And then how many rooms ah? (And then how many rooms are there?)

정부에서는 처음에는 싱글리시에 관심을 두지 않았으나, 싱글리시가 점점 확산되자 이를 막고 표준영어를 확립시키기 위해 노력하기 시작했다. 원어민 교사를 수입하여 학생들에게 강의하고, 교사들에게도 영어교육을 시키는 등의 보완책을 실시했다. 그러자 학생들은 싱가포르 교사들과 원어민 교사들 사이에서 혼란을 느끼기 시작했다. 원어민 교사의 영어 악센트가 싱가포르 교사의 악센트와 다르고, 어휘에서도 차이가 났기 때문이다.

싱가포르 교육학자들과 언어학자들은 정부보다 훨씬 먼저 싱글리시의 생성과 확산을 감지했다. 그리고 정부에 대책을 요구했었다. 교육학자들은 싱가포르의 이중언어 정책에 대해 세 가지를 우려했다. 첫째는 이중언어 정책이 보통 학생들에게 외국어 학습에 너무 과도한 부담을 부과한다는 점이다. 이중언어 정책은 영어와 모어를 모두 잘해야 한다는 목표를 가지고 있지만 실상을 그렇지 못했다. 싱가포르의 초등학생들은 자신의 모어를 버리고 두 가지 외국어를 학습하도록 강요당했다. 예를 들어, 중국계 학생들의 대부분은 집에서 중국 방언을 사용하고 있었다. 중국 방언은 우리가 중국어로 알고 있는 북경어와는 완전히 다른 언어여서, 서로 의사소통이 불가능하다. 중국 방언을 하는 사람들에게 북경어는 외국어와 똑같다. 이런 중국계 아동들은 학교에서 모어의 사용은 금지되고, 모든 과목을 영어와 북경어로만 공부해야 하는 이중고를 겪어야 했다.

교육학자들의 두 번째 우려는 정부의 강력한 이중언어 정책이 아동의 능력을 언어 능력에만 치우쳐서 평가하는 편향된 학습 능력 평가를 조장한다는 점이었다. 싱가포르에서 우등생과 열등생은 영어와 중국어 능력이 얼마나 우수한가를 기준으로 구분되었다. 그리고 영어와 중국어 능력에 따라 사회 진출의 기회가 차별되었다. 싱가포르에서는 영어 학습 환경을 제공해주는 가정의 아이들과 그렇지 못한 가정의 아이들은 점점 영어 능력과 학습 능력에서 차이를 보이고, 결국 사회 진출에서 차별을 받는 결과를 초래하였다. 이와 같은 언어에 의한 차별은 중국인 그룹 내에서 만의 문제가 아니라, 소수민족이 되어버린 말레이족 아이들에게서 더 심각하게 나타나는 현상이었다. 2005년에 싱가포르인들이 집에서 가장 많이 사용하는 언어는 다음과 같았다.

싱가포르인의 가정어 비교(2005)

	영어	북경어	중국 방언
중국계	28.7%	47.2%	23.9%

	영어	말레이어	
말레이계	13%	86.8%	

	영어	말레이어	타밀어
인도계	39%	10.6%	38.8%

자료: GENERAL HOUSEHOLD SURVEY 2005.(www.singstat.gov.sg/pubn/popn/ghsr1/t20-24.pdf)

말레이인의 경우 집에서 말레이어를 사용하는 사람들이 대부분이고, 영어를 사용하는 사람들은 13%에 불과한데, 현재 싱가포르의 경제를 움직이는 언어는 영어와 북경어이다. 이는 말레이인 중 13%만 싱가포르의 주류 사회에 진입할 최소한의 기회를 가지게 된다는 뜻

영어학자의 눈에 비친 한국어의 힘

이다. 인도계는 말레이족보다는 상황이 나았지만, 역시 60% 이상의 인도계 사람들은 주류 사회에 들어갈 기회를 얻지 못한다. 원주민이 었던 말레이인과 인도계 사람들도 영어와 중국어가 싱가포르 실질 적인 공식어이고, 자신들의 모어는 생활어 수준에 머물기 때문에, 싱 가포르 사회에서 소외당하며, 이중언어 정책의 피해자가 되고 있다.

교육학자들의 세 번째 우려는 외국인 교사의 수입 문제였다. 싱글 리시의 확산으로 싱가포르인들의 영어 능력이 변형되는 문제를 방 지하기 위해 정부가 외국인 교사를 적극적으로 수입하기 시작하자 다른 문제가 발생했다. 외국 교사들은 영국식 표준 영어를 가르쳐줄 수 있고, 학생들이 영국식 문화나 미국식 문화에 익숙해지도록 도와 줄 수 있다. 그러나 아이들에게 싱가포르의 역사와 사회 교육을 가르 치지는 못한다. 외국인 교사들은 싱가포르의 정신적인 전통과 문화 교육을 바탕으로 한 정체성 확립 등, 싱가포르인으로서 필요한 교육 학적 측면의 기본적인 교육을 할 수 없다는 결정적인 한계가 있다. 페이커 교수는 영어가 싱가포르 사회를 지배하게 되면서 싱가포르 사회에서 아시아의 가치가 소실되고 있다고 우려했다.(Man-Fat: 4쪽)

또한 이중언어 정책의 기본 방향은 모든 국민이 영어와 모어 능력 을 동시에 가지는 것이었지만, 중국 아동의 경우 이중언어 정책과 함께 실시된 북경어 정책 때문에 모어를 잃어버리게 되었다. 그러자 영어나 북경어만 할 줄 아는 젊은 세대들과 모어를 사용하는 기성세 대 간에 문화적 차이와 대화의 단절이라는 갈등의 골이 깊어지게 되 었다. 또한 중국인들 사이에서는 영어 교육을 받은 그룹과 북경어 교육을 받은 그룹 간에 잠재하는 불협화음의 문제도 있다. 또한 말 레이어와 타밀어는 생활어 수준에 머무르며 그 명맥을 유지하고 있지만, 싱가포르인들의 일상생활과 경제생활에 도움을 주지 못하는 소수언어로 전락했다.

싱가포르인에게 싱글리시가 필요한 이유

싱글리시는 표준 영어와는 달라서, 싱가포르인들끼리만 이해할 수 있는 변종 영어이다. 싱글리시로는 외국인들과 원활한 의사소통을 할 수 없다. 그런데 왜 싱가포르의 중국인들은 이미 세상에 존재하는 표준 영어를 놔두고, 싱글리시를 만드는 것일까? 정부의 적극적인 표준 영어 순화정책에도 불구하고, 싱가포르인들 사이에서 싱글리시가 확산되는 이유가 무엇일까?

그 이유는 5백만도 안 되는 작은 국가이면서도 다민족, 다언어 사회였던 싱가포르에서 서로 간의 유대의식을 찾기 힘들었던 싱가포르인들에게 싱글리시가 국민적 정체성을 느끼게 만들어주는 중요한 연결점이 되었기 때문이다.

150년이라는 긴 세월 동안 영국의 식민지였던 굴레에서 벗어나 독립했을 때, 싱가포르인들에게는 자신들이 독립된 국가의 국민이라는 의식, 그들을 하나로 묶어주는 끈이 무엇보다 필요했다. 싱가포르 정부가 교육의 목표를 '국민의 결속력 다지기'와 '경제적 성공'의 두 가지로 설정했던 이유도 거기에 있다.(Man-Fat: 5쪽)

그러나 싱가포르인은 중국인이 77%, 말레이인이 14%, 인도인이 8%이다. 그리고 이들 사이에 영어까지 끼어들었다. 전체 인구 중에서 영어를 사용하는 사람이 23%, 중국어가 35%, 말레이어가 14.1%,

영어학자의 눈에 비친 **한국어의 힘**

타밀어가 3.2%이다. 중국인들 내에서도 영어 사용자, 북경어 사용자, 중국 방언 사용자의 세 그룹이 분리되어 있다. 영어를 사용하는 그룹은 중국계, 말레이계, 인도계, 유럽인계로 분리된 네 그룹이다. 이렇게 복잡한 인종 분포와 언어 분포를 가진 사람들이 자신을 싱가포르인이라고 생각하고, 서로에 대해 동류의식을 느끼게 해줄 수 있는 끈은 무엇일까?

사람들이 같은 사회에 소속된 사람들이라는 동류의식을 가장 확실하게 느끼게 해주는 통로는 서로 같은 언어를 사용할 때이다. 싱가포르 정부가 영어를 제1공식어로 지정하여, 모든 국민이 공통적으로 사용하도록 정책을 펼쳤지만, 모든 싱가포르인들에게 영어는 외국어였다. 영어는 배우기도 매우 어렵고, 영어를 배워서 어느 정도 서로 의사소통을 하더라도, 우리가 일본인이나 미국인들과 영어로 이야기할 때 느끼는 정도의 친밀감을 느낄 수 있을 뿐이다. 그리고 영어는 자기들만의 언어가 아니라, 자신들을 지배했던 영국인의 언어였다.

이런 상황에서 싱글리시라는 영어변종어가 생기고 확산되는 것은 매우 자연스럽고 당연한 현상이다. 싱글리시는 중국어와 영어를 섞어서 말하기 때문에, 중국계 아이들이 배우기도 쉽다. 그리고 다른 나라 사람들은 쓰지 않는 자기들만의 언어이기 때문에 서로에 대한 동류의식을 더욱 강하게 느끼게 만들어준다. 싱글리시를 억제하려는 정부의 다양한 시책에도 불구하고 많은 학생들은 서로 싱글리시로 의사소통을 하기 시작했다. 싱가포르 아이들은 학교에서 배우는 표준 영어는 격식을 갖춘 언어이지만, 서로에게 거리감을 느끼게 하는 언어로 생각했다. 페이커 교수는 싱가포르의 신세대들은 자신들이 싱글리시를 만들어내는 것에 대해 프라이드를 느끼기 시작했다고 말한다. 싱글리시를 사용하는 교사들도 같은 생각을 가지고 있었으며, 싱가포르 교사들은 싱글리시로 작문하는 것을 용인했다.(Man-Fat: 5쪽)

인간은 사회적인 동물이다. 그리고 인간에게 가장 필요한 것 중 하나가 소속감이다. 여느 나라 사람들과 마찬가지로, 싱가포르인들은 자신이 싱가포르의 일원이라는 소속감을 느낄 수 있는 구심점이 필요했다. 싱가포르 국민들은 정부가 추구하는 국민의 경제성장 이상으로 자신들이 동일한 사회에 속한 구성원이라는 정체성이 필요했다. 그리고 그 정체성을 자기들이 만든 영어 변종어에서 찾고 있다.

싱가포르에서의 싱글리시 현상은 역으로 한국인들이 잊고 있는 한국어의 힘을 새롭게 인식하게 해준다. 싱가포르인들에게는 5백만이라는 작은 집단을 묶어 줄 공통의 유산이 없다. 5백만이 편하게 의사소통을 할 수 있는 공통의 언어가 없다. 그러나 한국인들에게는 5천만이 원활하게 의사소통 할 수 있는 공통의 모어를 가지고 있다. 그리고 그 공통의 모어를 통해 한국인으로서의 귀속감을 느끼고, 평등하게 교육, 행정, 경제에 참여할 수 있다. 한국인들이 "대~한민국"을 함께 외칠 때 만들어지는 하나 됨은 다른 어떤 것으로도 대체할 수 없는 인간의 사회적 욕구 하나를 가장 확실하게 채워주는 힘이다. 이는 타자를 배타하기 위한 것이 아니라, 서로 돕는 협력자가 옆에 있다는 것을 확인하기 위한 것이다.

싱가포르의 이중언어 정책과 한국의 단일언어 정책의 경제 효과

오늘날 싱가포르의 경제력에 감탄하며, 하루 빨리 싱가포르와 같이 영어공용화를 실시해야 한다고 말하는 성급한 사람들이 있다. 그러나 싱가포르의 경제발전은 영어공용화를 실시한 이후 저절로 이루어진 것이 아니다. 다음은 1900년부터 진행된 한국과 싱가포르와 일본의 경제 성장을 비교한 자료이다.

한국, 싱가포르, 일본의 1인당 GDP 비교

연 도	한 국	싱가포르	일 본
1900	673	2181	1,736
1910	699	2,702	1,883
1920	910	1,911	2,403
1930	845	3,016	2,572
1940	1,307	3,839	3,958
1950	743	3,533	2,645
1960	1,137	3,426	5,489
1970	2,141	6,994	13,375
1980	4,331	14,104	18,488
1990	9,764	23,143	25,870
2000	16,996	36,835	28,560
2009	23,875	43,526	29,681

자료: http://www.gapminder.org

싱가포르는 영어공용화를 실시한 이후 잘살게 된 나라가 아니라, 영국의 식민지였던 1900년 당시에도 동양에서 가장 GDP가 높은 지역이었다. 싱가포르는 이미 우리나라의 3배 이상의 GDP를 올리고 있었다. 이는 싱가포르가 영어공용화를 실시한 이후 경제적 급성장을 한 것이 아니라, 이미 백 년 전부터 다른 나라에 비해 높은 경제력을 가지고 있었다는 것을 의미한다. 1900년 당시 싱가포르는 일본보다도 국민소득이 많은 나라였으며, 1950년까지도 항상 일본보다 국민소득이 높았다.

1950년대의 한국은 싱가포르에 비하면 국민소득이 거의 1/5의 수준이었다. 오늘날 여전히 격차가 있지만, 폐허 상태에서 시작한 한국은 싱가포르에 못지않은 경제적 성장을 이루었다. 싱가포르는 국민의 모어를 영어와 북경어로 교체해 가면서, 그들의 경제성장을 이루었다. 그 과정에서 싱가포르는 국민의 정체성의 상실과 소수민족의 언어차별이라는 사회문제를 안고 있다. 그러나 한국은 국민의 모어를 기반으로 한국의 경제성장을 이루어냈다. 한국은 그 어느 나라도 따라올 수 없는 언어 민주주의를 실행하며, 경제적인 발전뿐만 아니라 사회적 민주화를 이루어왔다.

한국은 세계 언어사에서 국민의 모어로 통일된 언어 민주주를 실현했을 때, 국민의 모어가 교육 효과와 경제 발전, 그리고 사회 민주화에서 얼마나 큰 힘을 발휘할 수 있는가를 보여주는 모범 사례이다.

영어학자의 눈에 비친 **한국어의** 힘

4 미국의 언어 분쟁과 모어로 교육 받을 언어 권리

미국에서는 모든 아동이 자신의 모어로 교육받아야 한다는 것이 기본 원칙이다. 이것이 아동의 학력을 최대한 신장시키는 방법이고, 아동의 정체성을 확립하는 근간이 되기 때문이다. 다만 모어로의 교육 효과를 알고 있음에도 불구하고, 현실적으로 다언어 사회라는 어쩔 수 없는 상황 때문에 어디까지 모어로 교육할 수 있는가를 고민하고 있다.

한편 한국은 어떤가? 한국은 통일된 모어로 가장 평등하고 효율적인 공교육을 실현하여, 20세기 제국주의 시대의 종말 이후 세계의 언어 역사에서 민중의 인권과 언어 권리를 가장 잘 수호한 대표적인 모델이다. 모어로 교육 받을 언어 권리의 문제를 두고, 끊임없이 갈등하는 미국의 언어 분쟁을 통해, 한국어로 교육 받을 한국인의 언어 권리를 다시 한 번 확인할 수 있다.

인권과 언어 권리

인종차별이나 성차별은 인권 침해이다. 언어차별은 인종차별이나 성차별만큼 눈에 드러나지는 않지만, 이 또한 인권 침해이다. 토베 스쿠트나브-캉가스(Tove Skutnabb-Kangas) 교수는 자신의 모어로 교육받는 언어 권리의 중요성을 주장한다. 그는 제국 언어로 이루어지는 공교육의 위험성에 대해 다음과 같이 말한다.

언어의 보존에서 가장 핵심적인 요소는 그것이 부모 세대에서 자녀 세대로 전달되는가 아닌가이다. 어린이들은 부모의 말을 적어도 부모만큼 능숙하게 할 정도로 충분하고 적절하게 배울 기회를 가져야 한다. 이런 의미에서 적어도 청소년기까지는 언어학습을 계속해야 한다. (…중략…) 나는 주저 없이 교육상의 언어권을 가장 중요한 언어적 인권이라고 부르겠다. 하지만 세계 대부분의 나라들은 매일같이 어린이들의 언어적 인권을 침해한다. 대부분의 나라들이 그들의 교육제도 안에서 국제연합의 정의에 일치하는 대량학살 범행을 저지르고 있다. (스쿠트나브-캉가스: 403쪽)

모어로 교육 받을 언어 권리의 문제를 두고, 미국은 끊임없이 고민하며 갈등하고 있다. 미국의 언어 분쟁은 우리에게 역으로 한국어로 교육하고 교육 받을 권리에 대해 시사점을 던져준다.

다언어 사회, 미국의 고민

우리는 영어는 미국어이고, 미국이 영어 하나로 통일된 나라라고 생각하지만, 실제로는 그렇지 않다. 미국에서 영어를 모어로 사용하는 사람은 전체 인구의 82%이다. 그리고 그 어느 나라 못지않게 '언어'에 대한 논쟁이 끊이지 않는 나라이다. 미국의 언어 갈등에 대해 다니엘 네틀과 수잔 로메인은 다음과 같이 전한다.

현재 활동 중인 유에스잉글리시라는 단체는 언어를 통해 국가 정체성을 확립하려는 정치 운동에 지지를 끌어 모으려고 안간힘을 쓰고 있다. 이 단체는 수백만 달러의 재원을 가진 막후교섭 단체인데, 영어를 미국의 공식

영어학자의 눈에 비친 한국어의 힘

언어로 지정해야 한다는 헌법 수정안을 추진하고 있는 이민 규제 단체와 연계되어 있다. 이 단체의 회원들은 자신들의 행동이 소위 언어의 장벽을 허물고, 소수 민족들이 미국 주류 사회의 물질적인 혜택을 비롯한 여러 혜택을 보다 쉽게 접할 수 있도록 해 주는 것이라며 정당화하고 있다. 그렇지만 역설적이게도 (…중략…) 대다수의 소수 민족들은 미국인임과 동시에 자신들의 민족성과 언어를 유지하고 싶어 한다. 다양성에 대한 근거 없는 우려와 얄팍하게 감추어진 인종 차별주의가 미국 내에서 이루어지는 이중 언어 교육에 대한 반발의 배경에 깔려 있는 것이다. (D. 네틀, S. 로메인: 323~324)

미국의 언어 갈등은 다민족 국가들이 공통적으로 겪는 어려움이다. 국가의 통일을 위해 언어를 통일해야 할 필요가 있지만, 다언어 사회에서 어느 한 개의 언어만 공식어로 인정하는 것은 곧바로 다른 언어 사용자들의 불이익과 불평등으로 이어지기 때문이다. 미국은 현재 한 쪽에서는 국가의 통일을 위해 영어 단독 정책이 필요하다고 주장하고 다른 쪽에서는 소수 이민자들의 모어도 보호되어야 한다고 주장한다.

이민 자녀 교육의 언어 분쟁

미국의 공교육 문제에서 가장 큰 이슈 중의 하나는 학교에서 아이들에게 어떤 언어로 교육을 시켜야 하는가 하는 문제이다. 한 보고에 따르면 2000년도에 미국 공립학교에 등록한 학생 중 4백만 명이 영어를 모어로 하지 않는 학생이었으며, 이는 전체 학생들 중 10%에 해당하는 숫자였다.(Combs et al.: 703쪽)

미국은 이민 자녀들의 교육을 영어만으로 실시하는 것과 모어를 함께 사용하는 것 중 어느 것이 더 바람직한 방향인가에 대하여 의견이 분분했다. 그리고 그동안 미국의 각 주에서 자치적으로 두 방법 중 하나를 채택하고 있었다. 그러다가 1998년 캘리포니아 주가 최초로 잉글리시 온리 법(English Only Law, 이후 영어단독법)을 통과시켰다. 영어단독법은 학교에서 이민 학생의 모어 사용을 금지하고, 영어로만 교육을 하도록 강제하는 법이다. 캘리포니아 주가 영어단독법을 채택하자 미국 전체가 다시 한번 교육 언어 문제를 놓고 논쟁하기 시작했다.

영어 단독 교육은 이민 아동들을 어린 나이일 때 교실에서 집중적으로 영어 환경에 노출시킴으로써 영어를 빨리 배우도록 하는 방법이다. 학교에서는 아이의 영어 능력에 상관없이 모든 과목을 영어로만 가르친다. 이 정책의 입안자인 론 운츠(Ron Unz)는 이민 아동들에게 가장 중요한 것은 미국 사회에 빨리 적응하는 것이며, 이를 위해 가장 중요한 것은 아이들이 원어민 수준의 영어 능력을 습득하는 것이라고 주장했다. 그리고 캘리포니아에 이주한 많은 이민자들이 그의 주장을 지지했다. 캘리포니아 이주민들은 학교에서 스페인어나 중국어 등을 동시에 사용하면, 자신의 아이들이 영어를 빨리 배우는 데 장애물이 된다고 생각했다. 또 미국 아이들과 자신의 아이들을 떼어 놓는 결과를 가져온다고 생각했다. 영어 단독 주의자들은 이민자들의 모어를 활용하는 교육이 이민 아동들이 미국 사회에 동화하는 데 장애물이 된다고 주장한다.(Jong et al.: 606쪽)

반면에 영어 단독 교육을 반대하는 영어학자와 교육자들도 많다. 이들은 영어를 못하는 아동들에게 무조건 영어만으로 교육하는 것은 이민 아동들의 학력 저하를 가져올 뿐만 아니라 심리적인 타격을 가져온다고 반발한다. 영어단독법이 발효된 후 영어로만 아이들을 가르쳐야했던 애리조나 주의 교사들은 영어를 못하는 아이들에게 영어로만 강의하는 것은 매우 어려웠으며, 몇몇 아이들은 선생님이 아닌 친구로부터 모르는 것을 배우게 됐다고 보고했다. 또, 영어 단독 방법은 어린 학생들이 수업 시간에 무엇이 진행되고 있는지 모르기 때문에 마음에 상처를 입는 경우가 많았고, 나이든 학생들이 자신감을 상실하고 소극적인 성격을 가지게 만드는 요인이 되었다고 밝혔다.(Combs et al 710)

영어 단독 정책의 가장 큰 이슈는 이민 아동과 소수 민족의 인권 문제이다. 영어 단독 교육은 이민 아동들이 모어를 잃게 만드는 가장 강력한 도구이다. 이민자들을 미국 사회에 흡수하기 위해서는 영어 능력을 신장하는 것이 필수적인 조건이다. 그러나 이민자들의 모어를 말살하게 만드는 영어 단독 정책이 적법한가와 함께 도덕성의 문제가 끊임없는 논란거리이다. 이민 아동들의 모어 상실은 곧바로 이민 아동들의 정체성과 귀속성의 혼란으로 이어지는 문제이기 때문이다.

잉글리시 온리 지지자들은 이민 아동들이 자랑스러운 미국인으로서 만의 정체성을 가지고, 미국을 자신이 속한 유일한 국가라고 생각하는 귀속성을 키우기 위해 영어 단독 교육이 필요하다고 생각한다. 그러나 피부색과 인종과 문화 배경이 다른 이민자들이 단지 영어만 백인처럼 잘 하면, 미국 사회에서 아무런 차별 없이 미국인으로 대접받을 수 있을까? 그렇지 않은 것이 미국의 현실이다. 2백 년 이상을 미국에서 영어만으로 살아온 흑인들에 대해 여전히 남아 있는 수많은 차별은 미국에서의 인권과 평등의 문제가 단지 영어 능력만의 문제가 아니라는 것을 보여준다.

영어 단독 정책은 캘리포니아 주에서 1998년에 최초로 실시된 이후, 애리조나 주에서 2000년부터, 매사추세츠 주에서는 2002년부터 실시되고 있다. 그러나 그 이후 다른 주에서는 영어단독법안을 채택하지 않고 있다. 이는 미국의 공교육에서 '언어' 문제가 해결되지 않는 복잡하고 어려운 문제라는 것을 보여준다.

잉글리시 온리로 고갈되는 미국의 언어 자원

미국의 많은 지식인들은 이민 아동들의 모어 능력의 상실로 인해 파생되는 미국인들의 외국어 능력의 저하를 우려한다. 그리고 미국 사회의 영어 획일화가 지금까지 미국의 힘이었던 다양성의 힘을 축소시킬 것이라는 우려를 낳고 있다.

영어 단독 정책에 반대하는 미국 이중 언어교육 협회의 회장인 페드로 루츠(Pedro Ruiz)는 세계화 시대에 국제사회에서 경쟁력을 높이기 위해서는 미국의 아이들이 영어만이 아니라, 다른 언어도 잘 할수 있는 능력을 키워야 한다고 주장했다.(Combs et al.: 715) 미국의 국가 경쟁력을 높이기 위해서 이민 아동들의 모어 능력이 유지되어야 한다는 주장이다. 미국이 전 세계를 대상으로 정치와 비즈니스를 하는 배경에는 여러 나라에서 온 이민자들을 통하여, 세계 각국과의

영어학자의 눈에 비친 한국어의 힘

다양한 네트워크를 구축하고 활용하는 다양성의 힘이 있다. 이민 아동들이 모어 능력을 유지시키고 발달시키면, 종국에 그들의 모어 능력을 국제 사회에서 활용하여 경제적 가치를 발휘할 수 있다고 주장한다.

다니엘 네틀과 수잔 로메인도 영어 단독 교육으로 이민아동들의 모어 능력이 상실되는 문제에 대해 다음과 같이 우려하고 있다.

> 캘리포니아의 몬테레이에 있는 국방부 언어 연구소는 6천 명의 학생들에게 40개 이상의 언어를 가르치고 있으며, 47주 과정의 한국어 강좌에만 2천 달러 정도를 소비하고 있다. 그러나 이 과정을 이수한 사람에게서는 고작 다섯 살짜리 원어민보다 낮은 수준의 문법 구사 능력만 기대할 수 있다. 1986년 당시에 캘리포니아의 한 공립학교에는 만 명의 한국인 학생들이 있었는데, 이들에게는 자신들의 모국어 능력을 키워 나갈 수 있는 기회도, 그것을 권장하는 사람도 없었다. 이들은 대부분 성인이 되기도 전에 자신들의 한국어 지식을 잃어버릴 것이다. (D. 네틀, S. 로메인: 324~325)

매사추세츠의 3지역의 학교에 대한 연구 결과, 영어 단독 방법 교육을 실시한 이후 이민 아동들의 모어 능력이 현저하게 퇴보했다. (Jong et al.: 612)

미국의 잉글리시 온리의 교훈

미국의 언어 갈등은 근본적으로 다민족 국가이기 때문에 대두되는 문제이다. 잉글리시 온리를 지지하는 사람들은 미국의 언어를 영어 하나로 통합해야 하는 이유를 다음과 같이 말한다. 첫째, 다민족 사회인 미국이 국가적 통일을 이루고, 국민이 단결하며, 국민들이 미국인으로서의 정체성을 확립하기 위해서는 단일언어로 통합할 필요가 있다. 둘째, 이민자들이 가능한 한 빨리 미국 사회에 완전히 동화해야 미국사회에서 평등한 대우를 받을 수 있다. 그러기 위해서는 영어를 모어 수준으로 할 수 있어야 한다. 셋째, 잉글리시 온리가 영어 교육의 효과를 극대화할 수 있는 교육 방법이다.

잉글리시 온리 정책을 지지하는 사람들은 미국 국민들을 단합하고, 언어로 인한 불평등을 해소하기 위해 단일언어가 필요하다고 주장하는 것이다. 그런데 한국의 상황은 어떤가? 우리는 이미 한국어 하나로 통일을 이루었으며, 국민 모두가 한국어를 중심으로 한국인으로서의 정체성을 가지고 있다. 또한 민중의 모어가 국어이기 때문에 모든 민중이 언어 차별 없이 평등한 권리를 누리고 있다. 그리고 모국어를 바탕으로 한 공교육으로 최대의 교육 효과를 얻어 내고 있다. 이 상황은 미국의 정치가와 교육자 그리고 경제인 모두가 꿈꾸는 가장 이상적인 상태이다. 이 모든 혜택은 국민의 모국어를 기반으로 한 단일언어 사회가 가능했기 때문에 가능한 일이었다.

그러나 한국 사회에 새롭게 파고드는 영어 확산으로 한국 학생들은 미국 이민 아동들과 비슷한 어려움을 겪고 있다. 무엇보다 영어에 치중하는 동안 한국어 능력의 저하라는 대가를 치루어야만 했다. 2004년부터 2006년까지 3년 동안 전국 중3 학생 학업성취도 분석 결과를 보면, 중학생들의 영어 능력은 증가하는 반면에 한국어 능력은 점점 퇴보하고 있다. 이 기간 동안 국어에서 '우수' 평가를 받은 학생 비율은 2004년 14.1%에서 2005년 12.8%, 2006년 11%로 계속 낮아졌다. 반면 영어 우수 학생 비율은 2004년 18.6%, 2005년 20.1%, 2006년 20.5%로 늘었다. 또한 국어의 기초 능력 미달 학생 비율은 2005년 4.4%에서 2006년 7.4%로 크게 증가했다.(민현식, 2008)

그리고 영어 편중으로 한국의 중·고등학교 뿐만 아니라 대학에서도 현재 영어를 제외한 제2외국어 교육이 거의 사멸되었다. 미국 이민 아동들은 영어만 하게 되고, 다양했던 자신의 모어를 잃어버렸다. 비슷하게 한국인들은 영어만 알고 나머지 세상의 수많은 다른 외국어에 대한 능력은 회복하기 어려울 만큼 위축되었다. 또한 지나친 영어 편중은 한국 아동들의 정체성의 혼란을 야기시키고 있다. 조기 유학을 간 한국의 아이들이 겪게 되는 정체성의 혼란과 정상적인 가정생활을 박탈당하는 인권 유린 사태는 미국 이민 아동만의 문제가 아니다. 이미 우리 사회에서도 심각한 문제가 되었다.

미국에서 끊이지 않는 잉글리시 온리와 관련된 논쟁은 모국어로 교육하고 교육받는 언어 권리가 무엇인가를 우리에게 알려준다.

|5| 한국인의 모국어 능력

PISA 2009의 조사 결과 한국 중학생들이 읽기 능력 테스트에서 OECD 국가 중 가장 높은 점수를 받았다. 2008년 국민의 기초 문해력 조사 결과, 한국인의 문해율은 98.8%로 OECD 국가의 평균인 97.7%(2007년)보다 높다. 한글 덕분에 40대 이하의 문해율은 100%에 가깝다. 이 결과는 한국인들의 글자를 읽을 줄 아는 능력은 세계 최고 수준이라는 것을 의미한다. 그렇다면 한국인들은 전 세계에서 국어 능력이 가장 뛰어난 사람들일까? 그렇지 않다.

선진국들은 글자를 읽을 줄 아는 단순 문해율(문맹률의 반대말)과 글을 읽고 이해하는 문서 문해력을 구분한다. 문서 문해력은 글로 된 자료를 이용하여 지식과 정보를 활용하고, 개인과 사회의 문제를 파악하고 해결하는 능력을 말한다. 국민의 문서 문해력은 개인적인 측면에서뿐만 아니라 국가적 측면에서 그 사회의 지적 수준을 나타내는 것이다. 여러 가지 연구조사 결과는 한국인들의 단순 문해율은 높지만, 문서 문해력은 아직 높지 않은 수준임을 알려준다. 우리가 지금까지 한글로 이룬 성공을 지속시키려면, 이제는 한국인의 문서 문해력과 글쓰기 능력 신장에 힘을 모아야 할 것이다.

FTA 협정문의 한국어 번역 오류

2011년 4월에 일어났던 한-유럽연합(EU) 자유무혁협정(FTA) 문안의 한국어 번역 오류는 한국인들의 한국어 글쓰기 능력 수준을 가장 정확하게 보여준 부끄럽지만 중요한 사건이었다. 외교통상부가 한-유럽연합(EU) 자유무혁협정(FTA)을 준비하면서, 번역 오류 때문에 이

영어학자의 눈에 비친 **한국어의 힘**

미 두 번이나 철회를 반복했던 협정서 번역문에서 또 다시 무려 207개에 달하는 오류가 발견되어, 국회가 세 번째 소집되는 상황이 벌어졌다.

FTA 협정문 번역 오류는 이번이 처음은 아니다. 2007년 발효된 한–동남아 국가연합(ASEAN·아세안) FTA와 지난해 발효된 한–인도 포괄적 경제동반자협정(CEPA)의 국회 비준동의안에서도 번역 오류와 오탈자가 여러 곳 드러났다. 심지어 '협정에 합치하는 방식으로'를 '협정에 불합치하는 방식으로'라고 정반대로 번역한 경우까지 있었다. 총수입액의 25%를 '총수입액의 10%'로 잘못 표기하기도 했다. 50개 이상의 조항에서 영문본에 있는 'any'라는 단어가 한글 번역본에는 누락된 것으로 확인됐다. 쉼표(,) 하나로도 완전히 뜻이 달라지기도 하는 것이 조약문인 만큼 중대한 오류가 아닐 수 없다.

외교부는 "영문본이 한글본보다 우선하기 때문에 법 해석에는 문제가 없다"고 밝혔지만 국민이 듣기에 답답하고 화가 나는 변명이다. 그동안 한글본은 대충 작성했다는 고백이나 다름없다. FTA 비준동의안이 국회를 통과하면 바로 법률의 효력을 갖게 된다. 오류를 바로잡지 못한다면 상대국과 분쟁의 소지가 생길 수도 있다.(『동아일보』, 2011.4.4)

외교부가 협정문의 한국어 번역을 담당했고, 대형 로펌이 2천 5백만원을 들여 검증했지만 오류를 제대로 잡아내지 못했다고 한다. 이번 사태는 단지 외교부 담당자의 해이한 자세나 역량의 문제가 아니다. 한국인들이 공식문서와 한국어에 대해 가지고 있는 기본적인 태도와 역량을 그대로 보여준 사건이었다. 이 사태는 모든 국민에게 한국인의 한국어 능력의 현주소를 정확히 직시하고 반성하는 계기를 제공했다. 부끄럽지만 더 늦기 전에 노출되어 다행인 사건이었다.

영어본에는 또 얼마나 많은 오류가 숨어 있는지 모르겠다. 어쨌든 영어본의 오류가 207개를 넘지는 않을 것이다. 국제 협정서의 한국어본에 이렇게 많은 오류가 있다는 것은 번역자들의 한국어 능력이 영어 능력에 비해 이만큼 떨어진다는 것을 보여준 것이다. 외교부 직원은 한국어는 못해도 되고 영어만 잘하면 채용되는 것일까? 영어 문장의 any의 뜻과 뉘앙스를 알지만, 그것을 한국어로는 어떻게 표현해야 하는지 모르는 직원들만 있어서 any의 번역이 빠져버린 것일까?

이 사태는 영어본만큼 한국어본에 신경을 쓰지 않는다는 것을 보여준 것이다. 외교부 당국자는 한국어본 협정서는 '외국인들은 보지 않고, 한국 국민들만 볼 협정서이니', 그리고 '영문본이 한글본보다 우선하는 것이니 법 해석에 문제가 없다'고 생각했을 수 있다. 만약 그렇다면, 이는 국제 관계에서 계약서나 협정서는 상대국의 승인만 받으면 되고, 우리 국민은 영어 문서에 맞추어 적응하면 된다고 생각하는 것이다. 이는 우리나라 외교부가 국민들 편이 아닌, 외국인의 관점에서 일을 처리한다는 것을 의미한다. 그들은 그 협정서를 기반으로 무역을 하게 될 국민들이 알아서 영어본을 기준으로 사업을 해야 하고, 영어를 몰라서 영어본을 제대로 살피지 않으면, 그것은 그 사업자의 책임이라고 생각했을지도 모른다. 만약 그렇다면, 이는 과거 조선시대에 한문을 몰라서 법이 무엇인지 몰랐던 백성에게 한문 공부를 안 한 것은 백성들 자신의 책임이라고 말하는 사대부 양반들의 엘리트주의와 다를 바 없다.

한국인들의 이런 영어 우대 태도가 생기는 이유는 세 가지 때문이

영어학자의 눈에 비친 한국어의 힘

다. 첫째는 과거에 한국어가 공식어의 역할을 해본 역사가 없기 때문이다. 대한민국 건국 이전까지 한국인들은 중요한 공문서나 계약서를 한국어로 작성해본 적이 없다. 언제나 중국어(한문)이나 일본어 혹은 영어로만 작성했다. 그러니 국제 관계의 협정서에서 한국어본을 얼마나 정확하게 작성해야 하는가에 대한 경험도 없고 기준도 없었다.

둘째는 한국인의 한국어 능력이 아직도 부족하기 때문이다. 한국인들은 계약서이나 협약서에서 오해의 소지가 발생할 수 있는 세밀한 사항들을 한국어로 어떻게 표현해야 하는지 아직 충분히 연습하지 못했다. 영어 문서뿐만 아니라 한국어 공문서에서도 어휘 하나, 쉼표 하나의 선택이 얼마나 다른 의미로 해석될 수 있는가를 교육받지 못했다.

셋째는 국제 사회에서 공문서로 갈등해 본 경험이 부족하기 때문이다. 일본인이나 중국인과 협정서를 맺어본 사람들은 이들이 얼마나 강하게 일본어와 중국어본 협정서를 요구하는지 안다. 그들은 아무리 사소한 협정서라고 하더라도 영어본 협정서보다 일본어본이나 중국어본 협정서를 우선적으로 요구한다. 일본인과 중국인들은 자기들이 정확히 이해할 수 있는 자신의 언어로 된 협정서를 반드시 요구하고, 또 그 협정서에 쓰인 내용에 대해 쉼표 하나까지 신경을 쓴다. 세상을 제패하며, 지배해본 민족들은 국제간의 공문서를 작성하면서, 상대의 편의를 위해 자신들의 언어를 양보하지 않는다. 분쟁의 소지가 발생했을 때, 협정서나 계약서가 담고 있는 미묘한 차이를 모두 이해하기 위해서는 자신의 모국어로 작성되었을 때에만 가능하다는 것을 알고 있기 때문이다. 한국인들이 한국어로 된 협정서를 이렇게 소홀하게 다루는 이유는 세계와 거래해본 경험이 많지 않기 때문이다.

한국인들이 국제 사회에서 상대국들과 평등한 관계를 유지하고자 한다면, 영어 실력 이전에 한국어와 한국인 스스로에 대한 존중을 회복하는 것이 우선 조건이다. 어느 사회 어떤 인간관계에서도 자기를 비하하는 사람들을 신뢰하며, 이들과 대등한 관계를 유지하려고 노력할 상대는 없다.

한국 성인의 모국어 능력

가장 최근에 이루어진 국민의 문해력에 대한 실태 조사는 2008년 국립국어원이 전국 19~79세 성인 12,137명을 대상으로 수행한 「국민의 기초 문해력 조사」이다. 이 조사에 의하면, 우리나라의 문해율은 98.3%였다. 1.7%를 차지하는 비문해자의 대부분은 일제 강점기에 태어나 한국어 교육을 제대로 받지 못한 70대였다. 1945년 해방 당시 한국인의 문해율이 22.2%에 불과했다. 이후 1970년에 93%로 비약적으로 증가했고, 2008년에는 더욱 증가하여, 40대 이하의 한국인의 문해율은 100%에 가까웠다. 이는 지난 60년간 한글의 보급이 한국인의 문해율을 높이는 데 얼마나 크게 기여했는가를 단적으로 증명해준다. 유네스코 통계에 따른 OECD 문해율 평균인 97.7%(2007년)와 비교해도 높은 수치이다.

그러나 국어 능력은 글자를 읽을 줄 아는 것으로 완성되는 것이 아니다. 영어의 경우, 알파벳으로 된 영어 단어를 읽을 줄 안다고 해서

영어학자의 눈에 비친 한국어의 힘

영어 공부가 끝난 것이 아니다. 알파벳을 읽을 줄 알아도, 영어 문장을 해석하지 못하는 경우도 있다. 또 해석을 했지만 그 뜻을 이해하지 못하는 경우도 있다. 영어로 논리적이고 설득력 있는 글을 쓰는 것은 문장을 해석하는 것보다 더 어려운 일이다. 한국어와 관련하여 우리가 잘못 알고 있는 것 중 하나가 모든 한국인이 한글을 읽을 줄 알기 때문에 국어 교육이 다른 나라보다 잘 되고 있다고 안심하는 것이다. 우리나라 사람들은 생활 한국어는 모두 잘 한다. 하지만 한국어 능력이 단순히 말하고, 듣고, 글자 읽기에서 그치지 않는다. 고급 한국어 능력은 한국어로 된 각종 지식과 정보에 접근하여, 이를 이해하고 분석하는 능력을 포함한다. 그리고 이를 활용하여 개인과 사회의 문제를 정확히 판단하고, 해결 방법을 찾기 위한 논의를 할 줄 아는 능력을 포함한다.

한글이 처음 창제 되었을 때, 최만리는 한글의 사용을 극구 반대하며 몇 가지 이유를 들었다. 그중 하나가 한글은 너무 배우기 쉬워서, 사람들이 한글을 배우고 난 후 공부에 뜻을 두지 않고 게을러질 것이라는 우려였다. 한글 전용이 이루어진 지금, 우리의 잘못된 인식과 언어 정책 때문에 최만리의 우려가 일정 부분 현실화되고 있다. 한글을 읽을 줄 알고, 한국말로 대화할 수 있다고 해서 한국인의 모국어 실력이 100% 양성된 것은 아니다. 글자를 읽는 것은 기본적인 모국어 교육의 시작일 뿐이다.

「국민의 기초 문해력 조사」는 글자를 읽을 줄 아는 능력(단순 문해율)과 함께 성인들이 일상생활에서 문서화된 정보를 이해하고 활용할 수 있는 능력(기초 문해력)을 측정했다. 조사 결과에 따르면, 우리나라 성인의 문해력 평균 점수는 63.6점(3수준)으로, 신문 기사나 광고, 공공 기관 서식 등 일상적인 생활 자료를 대부분 이해할 수 있으나, 법령문 등과 같은 복잡한 문서를 이해하지 못하는 수준으로 나타났다. 이는 한국 성인들이 문해율은 높지만, 문서를 이해하고 활용하는 능력은 아직 많이 떨어진다는 것을 밝힌 첫 번째 조사였다.

문항별 점수 분석

	단계	점수	문해력 정도	비율
문해력 부진 (7%)	0수준 (완전 비문해자)		• 읽고 쓰는 능력이 전혀 없음	1.7%
	1수준 (반문해자)	24점 이하	• 낱글자나 단어를 읽을 수 있으나 문장 이해 능력은 거의 없음	5.3%
기초 문해력 보유 (93%)	2수준	28~48점	• 초청장, 명함 등 간단한 생활 문을 읽고 원하는 정보를 찾아낼 수 있음 • 다소 길거나 복잡한 문장은 이해하지 못함	21.1%
	3수준	52~72점	• 신문 기사나 광고, 공공 기관 서식 등 일상적인 생활문을 대부분 이해할 수 있음 • 법령문 등 복잡한 문서의 이해 나 추론 능력은 부족함	36.8%
	4수준	76점 이상	• 길고 어려운 문장이나 내용이 복잡한 문장도 잘 이해할 수 있음 • 글에 직접 드러나지 않은 내용도 추론할 수 있음	35.1%

자료: 김순임(2009), "2008 국민의 기초 문해력 조사 개요"

OECD 국가의 성인과 한국 성인의 문해력 비교

국제적으로 국가 간의 성인들의 문해력을 비교한 첫 번째 조사는 1994~1998년에 OECD 국가를 포함한 20여 국가에서 실시했던 국제 성인문해조사(International Adult Literacy Surveys 1994-1998: IALS)였다. 이 조사 당시 한국은 포함되어 있지 않았다. 우리나라에서는 2001년에 IALS와 동일한 도구를 이용하여 성인의 문해력 조사가 실시되었으며, 이희수 외(2001)의 연구에서 보고되었다.[23] 이 연구는 한국 성인

16~65세 남녀 1천 2백 명을 대상으로 했으며, 문해력을 세 영역으로 나누어 조사했다. 첫째는 신문, 광고문 등으로부터 필요한 정보를 이용할 수 있는 산문 문해 영역, 둘째는 지도, 시간표, 도표, 그림을 보고 필요한 정보를 정렬하거나 파악하는 문서 문해 영역, 셋째는 기본적인 수량 계산 능력인 수량 문해 영역이었다.

조사 결과 한국 성인들의 영역별 문해 수준은 20여 개의 OECD 국가에 비해 모두 중간 이하의 낮은 수준임이 밝혀졌다. 한국 성인의 산문 문해는 평균 269.16점으로 세계 13위, 문서 문해는 237.5점으로 세계 19위, 수량 문해는 276.87점으로 세계 12위에 해당했다.

특히 학력별로 분석했을 때, 문제가 더 심각했다. 중졸 이하 학력자의 문해력 수준은 스웨덴이 280.6점으로 가장 높았으며, 한국은 214.6점으로 중하위권을 보였다. 고교 졸업 학력자는 스웨덴이 308.3점으로 가장 높았고, 한국은 239.9점으로 칠레(239.0점)와 함께 최하위 권에 위치했다. 대졸 이상 학력자의 경우는 스웨덴이 331.2점으로 가장 높았으며, 한국은 258.9점으로 칠레의 266.2점보다 낮아 조사된 전체 국가에서 최하위를 차지하였다.

한국 성인들의 문해력은 OECD 국가들과 비교할 때, 중간 이하의 수준에 있었다. 특히 대졸 이상 학력자는 전체 국가 중 최하위를 차지했다. 이는 우리나라 고학력자들의 국어능력에 심각한 문제가 있음을 보여 준다. 선진국에서는 문자만 읽을 줄 아는 단순 문해율보다 문서, 도표 등을 정확하게 이해하고, 때에 따라서는 문서를 바탕으로 추리할 줄 아는 문서 문해력을 국민의 실질 문해율로 간주한다.

---

23 이희수 외,『한국 성인의 문해 실태 및 OECD 국제 비교 조사 연구』, 한국교육개발원, 2001.

한때 우리는 부자 나라가 되기를 간절히 바랐다. 그런 소망 덕분인지 지금 한국은 세계 10위권에 드는 중진국이 되었다. 그리고 이제 한국인들이 바라는 것은 선진국의 대열에 합류하는 것이다. 그러나 또 한 번의 비약이 쉽지 않음을 여러 곳에서 경험하고 있다. 그 이유는 중진국 이상의 수준에서는 정치나 경제 혹은 학문의 한 분야만 우수하다고 해서, 다른 분야의 문제들이 저절로 해결되는 것이 아니기 때문이다. 중진국에서 선진국으로 도약하기 위해서는 경제뿐만 아니라 정치, 사회, 학문 등 모든 분야에서 한국인의 수준이 올라야 한다. 그리고 각 분야의 수준을 업그레이드하기 위해서는 어느 수준 이상의 정신활동이 필요하다. 모국어는 모든 정신 활동을 하기 위한 기본 도구이다. 고차원의 정신활동을 통한 수준 높은 결과물을 도출하기 위해서는, 고급 수준의 모국어 능력과 정신 활동 능력을 구비하는 것이 필수적이다. 우리가 경제적 선진국으로 발돋움하기 위해서는 단순 문해율의 수치에 안심하지 않고, 국민의 문서 문해력과 문서 구성력을 높여야 한다. 국가의 경쟁력은 국민의 지적인 능력과 민주화 능력이 결정한다. 그리고 국민의 지적인 능력은 국민의 모국어 능력과 비례한다.

아직 남은 한국인의 모국어 과제

한국인의 모국어 능력의 업그레이드를 위해서는 문서 문해력과 문서 표현력을 높여야 한다. 그중 더 필요한 것은 한국인의 문서 표현력의 증진이다. 한국인들이 영어 말하기보다 더 어려워하는 것이 영어 글쓰기이다. 그런데 이 영어 글쓰기는 영어 문법이나 영어 공부만으로 해결되는 문제가 아니다. 한국인에게 영어 글쓰기가 유난히 어려운 이유는 한국인들이 우리말로 글 쓰는 훈련이 부족하기 때문이다. 우리말로 자신의 생각을 논리적으로 쉽게 표현하지 못하면서, 영어로 글을 잘 쓸 수는 없다.

미국의 대학원 입학하기 위해서는 GRE(Graduate Record Examination) 시험을 쳐야 한다. 이 시험은 토플시험을 주관하는 미국의 ETS가 1949년에 개발하여 60년 이상 지속되고 있다. 기본적으로 미국 대학생들이 치러야 하는 이 시험은 크게 일반 시험과 전공 시험으로 되어 있다. 그중에서 일반시험은 수리 추론을 제외하면 모두 미국 학생들의 국어 능력을 측정하는 시험이다. 여기에는 2개의 에세이를 쓰는 작문 능력 테스트와 어휘력, 문법, 그리고 독해력을 측정하는 언어 능력 테스트가 포함되어 있다. 첫 번째 작문은 다른 사람들의 상반된 논쟁의 글을 읽고 그 논쟁에 대하여 자신의 방법을 제안하는 에세이를 30분 내에 작성하는 것이다. 두 번째 작문은 주어진 주제 중 하나를 선택하여, 45분 내에 자유롭게 에세이를 쓰는 것이다. 평소에 다른 사람의 글을 읽고 비판적으로 생각하고, 논리적으로 자기 생각을 정리하여 글로 써 보는 연습을 하지 않고는 이 시험을 통과할 수 없다. 우리 학생들은 이런 연습을 얼마나 하고 있을까?

미국의 초등학교에서부터 대학까지 영어교육 중에서 가장 중요한 것은 작문 과목이다. 우리나라 사람들에게 영어 작문이라고 하면 단순히 영어 문법 지식과 영어 단어 실력의 문제라고 생각한다. 그러나 미국의 학교에서 요구하는 작문 과목은 단지 정확한 문법과 적절한 어휘력만을 목표로 하는 것이 아니다. 그 이상으로 중요한 것이

다른 사람의 글을 읽거나 이야기를 듣고, 그 내용을 정확히 이해하고 있는지, 자신이 이해하고 있는 내용을 얼마만큼 정확하고 쉽게 표현할 수 있는가이다. 그리고 무엇보다 남들의 생각을 따라가는 것이 아니라, 자신만의 새로운 관점과 생각을 구상하고 표현할 수 있는지, 그리하여 독자들에게 얼마만큼 새로운 이야기를 쉽고 설득력 있게 전달할 수 있는가이다.

우리 이야기로 돌아와서 우리나라 대학원 시험에서 국어시험이 있는가를 반문해 보자. 국문과나 인문계 학과뿐만 아니라 자연 계열과 공학계열에 이르기까지 전공의 종류에 상관없이 연구 활동을 위해서는 국어능력이 필요하다. 국어능력이란 단순히 문법지식이나 달달 외워서 누구의 시를 해석하는 능력을 말하는 것이 아니다. 세계인과의 수준 높은 교류를 위해서는 말하기 이상으로 글쓰기 능력이 필요하다. 세계 유수의 학술잡지에 논문을 싣기 위해서는 기본적으로 연구 결과를 만들어내는 것이 첫 번째이지만, 자신의 연구 과정과 그 결과, 그리고 그 결과의 의미를 얼마나 논리적으로 명확하게 기술할 수 있는가가 그 이상으로 중요하다. 이 경우에도 단지 영어 능력이 안 되기 때문이라고 변명하지 마라. 자신의 연구 결과를 한국어로 쉽고 명확하게 설명할 수 있다면, 영어로 번역하여 싣는 것은 훨씬 쉬운 이야기이다. 자신의 연구 과정과 연구 결과를 우리말로 정확히 설명하지 못하면서, 영어로 멋있는 연구 보고서가 나오기를 기대하는 것은 지나친 욕심이다.

글을 쓰는 능력은 모국어라고 저절로 생기는 것이 아니다. 다른 어떤 것 못지않게 끊임없는 연습을 통하여 길러지는 것이다. 소설가나 시나리오 작가만 글을 잘 쓰면 되는 것이라는 생각에서 벗어나야 한다. 한국인과 한국어의 힘을 기르기 위해서는 한국어로 자신의 생각을 논리적으로 표현할 줄 아는 글쓰기 능력이 필요하다. 그리고 이것은 교육과 연습으로 길러질 수 있다.

'모국어'는 가만히 있어도 저절로 습득되는 기술이며, 모국어 능력을 신장시키기 위해 따로 노력하지 않아도 된다고 생각하는 것이 함정이다. 일상생활에서 말하고 듣는 것 외에 자신의 생각을 논리적으로 쉽게 상대에게 설명하고, 새로운 아이디어를 만들어내고, 글로 쓰는 능력까지가 모국어 능력이며, 이를 위해서는 외국어 공부 이상으로 많은 노력을 들여야 한다. 모국어 능력은 개인적으로뿐만 아니라 국가적 차원에서도 모두 끊임없이 다듬고 발전시켜 나가야 한다.

그리고 이를 위해서는 영어능력을 인정하는 이상으로 한국어 능력을 인정하는 시스템이 갖추어져야 한다. 영어 특례 입학이 있다면, 한국어 특례 입학도 만들어야 한다. 대학원 시험에 영어시험이 있다면, 한국어 시험도 포함시켜야 한다. 대기업 취업 시험에 영어 시험이 있다면, 한국어 시험도 포함시켜야 한다. 그리고 그 시험은 단지 외래어 표기법이나 띄어쓰기, 시 해석하기 등의 입시용 문제풀이가 아니라, 비판적 사고와 분석적 작문을 할 수 있는 능력을 검증하는 문제들이어야 한다.

제4장
언어 제국주의와 영어 헤게모니

"

지나친 영어 프리미엄과 과열된 영어교육에 대해 모두들 뭔가 잘못되었다고 느낀다. 그러나 외부의 누구도 우리에게 영어를 강요하지 않았기 때문에 영어 프리미엄에 반론을 제기하지 못한다. 잘못되긴 했는데, 무엇이 잘못인지 꼭 집어 말할 수 없어, 잘못인 줄 알면서도 따라가야 하는 답답함. 이것이 영어에 대해 한국인들이 느끼는 또 하나의 스트레스이다.

그람시는 '정치적 강제가 없는데, 왜 특정한 언어의 사용이 확대 되는가'라는 물음에서 출발하여, 화자의 자발적 동의에 의한 소언어에서 대언어에로의 이동 뒤편에 익명의 권력 작용이 매개한다는 것을 간파하고, 헤게모니를 '시민의 자발적 동의를 조직하는 권력'이라고 정의한 다음, 이것을 '독재'와 구별했다. 언어 제국주의가 정치적 강제를 유력한 수단으로 하여 정책적으로 실행했다고 한다면, 포스트식민지 시대의 '언어 헤게모니'는 그 주체도 특정하지 못한 채, 눈에 보이지 않는 권력 쪽으로 사람들을 유인한다.(미우라 노부타카: 17쪽)

영어 헤게모니란 겉으로 드러나는 외부적인 강압이나 법적인 규제는 없으나, 영어를 하지 못하면 사회적·경제적으로 불이익을 당하기 때문에 시민들이 스스로 영어에 얽매이게 만드는 눈에 보이지 않는 숨은 권력을 말한다. 만연하는 영어 헤게모니가 우리에게 위험한 이유는 영어의 권력화로 한국어의 역할이 위축되고, 한국인의 모국어 능력을 저하시키기 때문이다.

"

|1| 필립슨의 영어 제국주의

우리는 미국이나 영국의 식민지인 적이 없다. 또 미국이 한국인에게 영어를 강요한 적도 없다. 다만 한국인들이 스스로 영어를 중요하게 생각하고 영어에 매달리는데, 이것을 미국의 탓이라고 할 수 있는가?

로버트 필립슨(R. Phillipson)은 그렇다고 답한다. 필립슨은 『언어 제국주의(Linguistic Imperialism)』(1992)에서, 영어의 확장이 과거 제국주의 시대의 식민지 확장과 비슷한 양상을 보인다는 점에 주목하며, 이와 같은 영어의 확장을 영어 제국주의라고 불렀다.

영어 제국주의의 폭력성

식민지 시대에 제국 언어의 확산은 피지배 언어를 억압함으로써 이루어졌다. 산업혁명 이후 영국, 미국, 호주, 뉴질랜드에서의 영어의 확산은 토종 언어들의 사멸을 대가로 얻은 것이다. 실제로 지금은 영어의 나라가 된 미국, 캐나다, 호주 등에서는 실제적인 집단학살과 함께 언어적인 집단학살이 광범위하게 진행되었다. 호주에서 1910~1970년 사이에 일어난 원주민과 원주민 언어의 억압을 다니엘 네틀과 수잔 로메인은 다음과 같이 전한다.

오스트레일리아 인권평등위원회가 1997년 발표한 보고서에는 20세기 대부분의 기간 동안 지속된 원주민 가정에 대한 조직적인 학대가 드러나

영어학자의 눈에 비친 한국어의 힘

있다. 1910년에서 1970년 사이에 원주민 어린이 전체의 3분의1, 아마도 총 10만 명에 달하는 아이들이 그들의 사회를 와해시키려는 조직적인 시도에 의해 부모로부터 강제로 격리되었다. 때때로 아이들은 백인 선교 단체나 목장, 위탁 가정 등 끔찍한 여건에서 시들어 갔다. 친지나 친척들은 아이들이 있는 곳이 어디인지도 몰라 연락할 수도 없었다. 뿐만 아니라, 1930년경에 시드니의 어느 인류학 교수가 그 당시까지도 "최하등 인종"이라 지칭한 이들의 번식을 막기 위해 원주민 여자들에게 강제로 불임 시술을 시키기도 했다.(D. 네틀, S. 로메인: 209쪽)

이 모든 이야기는 호주의 미개한 원주민의 이야기이며, 우리와 상관없는 남의 이야기라고 말하는 사람도 있을 수 있다. 그러나 그렇지 않다. 아이의 영어 발음을 좋게 하기 위해 혀 수술을 감행하는 것에서부터 조기 영어교육이라는 명목으로 어린 아이를 부모와 친구로부터 떼어내어 가능한 한 한국인이 적은 미국의 소도시로 보내고, 미국에 간 아이의 영어교육을 위해 집 안에서도 한국어 사용을 금지하기까지 한다. 이것으로도 부족해서 학교에서조차 한국 아이들을 만나지 못하게 금지하고, 한국 아이를 만나도 영어로만 말하도록 조치하는 것까지, 이 모든 것이 우리의 이야기이다. 지금 한반도와 한국인들 사이에서 일어나는 영어 광풍이 식민지 시대의 제국 언어의 폭력성에 비하여 그 크기가 작다고 말할 수 없다. 우리 민족이 미국인에게 물리적으로 학대받은 적은 없다. 그러나 오늘의 한국인들은 영어의 위력 앞에 과거 식민지인들이 받던 고통을 그대로 짊어지고 있다.

영어의 권력성

우리 사회를 불평등하게 만드는 요인들은 매우 많다. 성에 의한 차별, 나이에 의한 차별, 계급 간의 차별 등 언제나 불평등한 사회를 만드는 요인들이 산재해 있다. 그리고 그중에 하나가 영어에 의한 차별이다. 영어에 의한 차별은 다른 것에 비하여 눈에 보이지 않게 진행되지만, 그 힘은 막강한 것이어서, 결국에 많은 사람들이 자발적으로 권력 언어인 영어를 지향하게 만든다.

다니엘 네틀과 수잔 로메인은 영어의 권력성을 두고 다음과 같이 말했다.

> 언어적 자본은 모든 다른 형태의 자본들처럼 불평등하게 배분되어 있다. 특정 언어의 지식을 가짐으로써 얻을 수 있는 이익이 크면 클수록, 그 언어는 더욱 습득할 가치가 높은 것으로 여겨진다. 지구촌의 언어는 영어이다. 영어를 사용하지 않는 것은 세계적인 경제 혜택으로부터 추방될 위험에 처하는 것이다. 신생독립국들은 적어도 부분적으로는 이런 이유로 인해 자국의 언어를 발전시키기보다는 예전 식민 종주국의 언어를 사용하기로 선택한 것이다. 더구나 이런 나라의 엘리트 계층은 일반적으로 교육을 통해 언어를 습득하고, 그 지식을 이용해서 그 언어를 모르는 대다수 국민들에 대해 권력을 행사할 수 있는 지위를 유지하는 것이다.(D. 네틀, S. 로메인: 61~62쪽)

식민지 시대에는 제국 언어를 사용하는 집단과 피지배언어를 사용하는 주민과의 사이에서 제국 언어를 사용할 줄 아느냐가 불평등

영어학자의 눈에 비친 한국어의 힘

을 낳았다. 그리고 이러한 불평등은 식민지 시대가 끝나도 지속되었다. 2백 년 동안 영국의 지배를 받았던 인도에서는 상위 계층 사람들만 영어를 할 줄 알고, 그들이 아직도 인도 사회에서 기득권을 누린다. 간디는 인도에서 영어에 의해 야기되는 차별과 영어 중독, 그리고 인도의 예속과 정신적인 노예 상태에 반대하며 저항했다. 그는 또한 영어를 배우는 데 들이는 시간이 너무 많아서 다른 과목들을 학습하는 시간이 절대 부족하기 때문에 나타나는 교육의 왜곡현상을 비판했다.(Phillipson: 35~36쪽) 그러나 그와 같은 상황은 인도가 독립한 이후인 지금까지도 지속되고 있다.

그리고 지금은 과거 영국이나 미국의 식민지가 아니었던 나라들에서도 영어가 세력을 확장해가고 있다. 우리가 가장 쉽게 떠올릴 수 있는 예가 바로 우리나라이다.

영어의 상품화

영어의 상품화는 영어 제국주의의 또 다른 일면이다. 20세기에 들어 제국주의 시대가 끝난 이후 국제사회에서 겉으로 드러나는 식민지 지배는 용인되지 않았다. 그러나 영어가 제국 언어로 등장하여, 그 영역을 확장해가고 있다는 경고가 여러 곳에서 들린다. 영국은 국가의 이익을 증진시키고 영어의 국제적인 사용을 장려하기 위하여 1935년 영국문화협회(British Council)를 설립했다. 필립슨은 영어의 상품화와 확장을 다음과 같이 꼬집었다.

영어 교육산업이 영국 경제에서 차지하는 비중은 북해에서 나는 석유 다음으로 두 번째다. 그것은 외관상으로는 비정치적인 상품을 판다는 점에서 중요한 이데올로기적 가치를 갖는다. 영국과 미국에서 다양한 모습으로 등장한 토플이 식민지 교육이 끝나버린 곳을 인수하여 그곳에 영어를 보급하는 데 중요한 역할을 하고 있다.(R. 필립슨: 131쪽)

전 세계적인 체인을 가지고 있는 영어스쿨의 이사는 1979년에 발행한 소책자에서 "한때 우리는 군함과 외교관을 해외로 보냈었다. 그러나 지금은 영어 교사를 보낸다"(Phillipson: 8쪽)고 말하기도 했다.

영어의 상품화는 남의 일이거나 다른 나라의 일이 아니다. 현재 한국은 영어 상품을 가장 많이 소비하는 국가 중 하나이다. 2002년 이래 한국은 세계에서 토플과 토익 시험에 가장 많이 응시하는 국가의 목록에 올라있다. ETS는 토플, 토익, GRE, 미 대학수학능력시험(SAT) 등을 출제하며, 180여 개 국가에서 모두 5천만 건의 시험을 주관하고 있다. ETS는 비영리 기관이지만, 각종 시험 문제로 연간 13억 달러(약 1조 5천 6백억 원)의 매출을 올린다.(『조선일보』, 2009.5.11) 한국의 경우 2008년에 토익 시험 응시자가 2백만 명, 토플 시험 응시자가 11만 5천 명이었다. 한국의 토플 시험의 응시자는 전 세계 토플 응시자의 20%에 해당하는 규모였다. 현재 토익 응시료가 4만 3천원(스피킹 시험 제외), 토플 응시료가 170달러(약 20만원)이다. 한국은행 국제수지 통계에 따르면 2010년 1~10월 기간 동안 토플과 토익 등 외국어자격시험 응시료 등에 지출된 금액이 2천억 원에 달했다.(『국민일보』, 2010.12.28) 영어시험 응시료만으로 한국인이 지불하는 금액이 1년에 2천억이라고 하면, 그 경제 규모만으로도 한국은 이미 영어에 종속된 나라라고 할 수 있다.

영어 산업이 한국에 끼치는 영향은 영어시험 응시료만이 아니다. 통계청 발표에 의하면 2007년 교육부의 초중고 교육 예산이 26조 2천 2백억 원이었는데, 같은 해에 부모들이 영어 사교육비로 지출한 비용은 15조 이상이었다.(『조선일보』, 2008. 10. 7) 이는 우리나라 전체 공교육 예산의 57%에 달하는 어마어마한 숫자이다. 영어 한 과목에 들인 사교육비가 우리나라 전체의 공교육비의 57%에 해당한다고 하면, 이는 한국이 교육 분야와 경제 분야에서 이미 영어 식민지가 되었다고 해도 과언이 아니다.

미국과 영국으로부터 사들이는 영어 교재비, 공교육 기관과 학원가에 들어와 있는 원어민 교사들에게 들이는 강사료, 미국과 영국에서 주관하는 영어 시험의 응시료, 미국과 영국을 넘어서 캐나다, 호주, 필리핀, 말레시아 등으로 보내는 거액의 해외어학 연수비, 그리고 그 틈새에서 학원들과 학습지 회사들이 벌이고 있는 영어 장사들을 생각해보면, 이것이 과거 제국주의 시대에 식민지인들이 노동 품을 팔아, 제국의 상품을 살 수 밖에 없었던 경제적 식민 상황과 다를 것이 없다. 단지 다른 점이 있다면, 과거의 식민지 시대에 가해졌던 강제적 억압이 이제 눈에 보이지 않는다는 것뿐이다. 그리고 우리가 사는 상품이 눈에 보이지 않은 '언어'라는 것뿐이다.

|2| 눈에 보이지 않는 영어 헤게모니

식민주의 시대는 끝났고, 이와 함께 밖으로 드러나는 언어 제국주의 시대도 끝났다. 그러나 포스트 식민주의 시대에 파고 든 제국 언어의 헤게모니는 그 파괴력과 권력성에서 변함이 없다. 다만 겉으로 드러난 강제가 없기 때문에 그 위험성을 느끼기가 더 어렵고, 경계심을 유지하기가 어려울 뿐이다. 그러나 영어 헤게모니는 눈에 보이지 않을 뿐, 영어 제국주의의 속성을 그대로 담고 있다. 영어 헤게모니는 영어 제국주의의 또 다른 이름일 뿐이다. 영어 헤게모니는 그 파괴력과 권력성에서 영어 제국주의와 다를 바 없다.

그람시의 문화 헤게모니

안토니오 그람시(Antonio Gramsci, 1891~1937)는 시민을 움직이게 만드는 힘에는 두 종류가 있다고 말한다.[24] 하나는 법과 정치의 강제적인 힘이고, 다른 하나는 시민들이 동의하고 추종하며 스스로 움직이게 만드는 시민사회의 숨은 힘이다. 이 숨은 힘을 그람시는 헤게모니라고 불렀다. 예를 들어, 시민들은 법이 규정한 대로 세금을 내고, 선거를 하며, 의무교육을 받고, 교통신호를 지킨다. 이것은 정치사

---

[24] 안토니오 그람시(Antonio Gramsci, 1891~1937)는 사회주의와 공산주의 그리고 반파시즘을 주장한 이탈리아 사상가이자 정치지도자였다. 이탈리아 공산당의 창설자 중 한 명이며, 무솔리니 파시스트 정권에서 투옥된 후, 『옥중수고(Selection from the Prison Notebook)』를 남겼다. 그의 저서는 문화 및 정치적 리더십에 대한 분석과 문화적 헤게모니 개념으로 유명하다.

영어학자의 눈에 비친 **한국어**의 힘

회의 강제적인 힘이 시민을 움직임이게 만드는 것이다. 한편 시민들은 유행을 따르고, 대학입시를 위해 사교육비를 지출하고, 대기업 취업을 위해 여러 가지 스펙을 쌓는 노력을 한다. 이것은 시민사회에 퍼져있는 헤게모니가 시민을 움직이게 만드는 것이다.

헤게모니란 일반 시민이 사회 지도층의 문화나 의식을 모방하도록 만드는 숨은 힘을 말한다. 이때 사회 지도층 집단은 그들의 문화와 가치관을 강제적으로 전달하지 않는다. 이들의 문화는 학교나 교회, 신문이나 서적, 영화와 TV 같은 매스미디어, 예술, 대중문화 등 눈에 보이지 않는 은밀한 영향력을 통해 전달된다. 일반시민들은 사회 지도층의 가치를 모방하지만, 자신들이 스스로 선택해서 모방하는 것이라고 느낀다.

헤게모니는 시민사회를 움직이는 강력한 힘이지만, 이것을 의식하기는 쉽지 않다. 그 이유는 다음과 같다. 첫째, 헤게모니는 법적인 강제가 없으며, 시민들의 암묵적인 합의가 있다. 둘째, 헤게모니는 정치적 이데올로기가 아니라 가치관과 사회의식의 문제로, 당연한 상식으로 받아들여지는 경향이 있다. 셋째, 헤게모니는 특정 부류나 집단의 이익을 대변하는 것이 아니라, 국가와 국민 전체의 이익이라고 보여 지는 가치를 추구한다. 넷째, 헤게모니는 집단의 이데올로기가 아니라 개인적인 차원의 기준이라고 생각되기 때문에 그 문제점을 찾기가 훨씬 어렵다. 다섯째, 헤게모니는 의식적이고 눈에 보이는 조정이나 유도가 없으며, 학교나 교회 미디어 등을 통해 눈에 보이지 않는 의식하기 어려운 메커니즘을 통해 전달된다. 여섯째, 헤게모니는 고정된 이념이 아니라, 끊임없이 변화하고 진화해가는 아이디어이다. 시민들은 미디어와 다른 모임을 통해 암암리에 새롭게 만들어지는 유행에 동감하며 따라가지만, 논리적으로 따지기 어렵다. 헤게모니는 미디어 헤게모니, 이데올로기 헤게모니, 테크노 헤게모니 등 전 분야에 걸쳐서 나타날 수 있다.

눈에 보이지 않는 영어 헤게모니

영어 헤게모니란 영어에 주어진 특혜와 권력 때문에, 시민들이 영어에 매달리게 만드는 숨은 힘을 말한다. 영어 능력이 차별적으로 우대되고, 영어를 못하면 불이익을 받기 때문에 영어를 무조건 잘해야 한다는 생각이 널리 퍼지게 되면, 이것이 영어 헤게모니이다.

영어 헤게모니는 영어가 한국사회에서 한국어를 제치고, 지배 언어의 지위를 유지하도록 만든다. 그러나 일반 시민들이 영어 헤게모니를 의식하기는 쉽지 않다. 일본의 언어 탄압에 그렇게 강력히 반발했던 한국인들이 영어 헤게모니를 의식하기 어려운 이유는 헤게모니의 기본 속성 때문이다. 첫째, 일반시민에게 영어를 강요하는 법적인 규제는 없다. 시민들은 스스로 영어능력을 소유하기를 원하는 것이라고 느끼고 있다. 둘째, 시민들은 영어능력이 한국과 국제사회에서 성공하기 위해 꼭 필요하다는 생각은 이데올로기가 아니라, 누구나 인정하는 상식이라고 생각한다. 셋째, 영어능력은 개인의 이익을 위해서가 아니라, 국가와 국민 전체의 이익을 위해서 필요한 것이라고 생각한다. 넷째, 영어능력의 중요성은 신문이나 방송을 통해 개인의 의견 형식으로 전달된다. 시민들은 신문이나 방송을 보고, 영어능력이 얼마나 중요한가를 스스로 생각해서 판단한 것이

영어학자의 눈에 비친 한국어의 힘

라고 생각한다. 다섯째, 영어공용화론과 조기 영어교육, 몰입영어교육 등에 대한 논의가 끊임없이 진행되는 가운데, 점점 더 많은 사람들이 영어교육에 몰입하고 있다. 일반 시민들은 주위 사람들이 영어를 하니까 불안한 마음에 자신도 참여한다. 그러나 객관적인 입장에서 무엇이 문제인지 논리적으로 판단하기 어렵다.

국민들은 자신들이 스스로 영어를 선택하고 있다고 생각한다. 그러나 국민들이 영어를 자발적으로 선택한 것이 아니다. 정부의 시책과 행정기관의 정책, 그리고 영어로 돈을 버는 장사들이 영어 헤게모니를 조장하고 있는 것이다. 또한 영어 헤게모니가 일반 시민들의 암묵적인 합의에 의해 유지되고 있다고 해서, 영어로 인한 불평등이 사라지고 영어에 의한 지배 관계가 없어지는 것은 아니다. 한국인들이 영어 콤플렉스와 지나친 영어 몰입에서 벗어나기 위해서는 한국인을 영어 광풍으로 몰고 가는 영어 헤게모니를 응시할 필요가 있다.

⌊3⌋ 자발적 동의에 의한 영어 선택이라는 미신

우리의 질문은 "한국인들의 영어 광풍이 자발적인 동의에 의해 스스로 선택한 상태인가?" 하는 것이다.

아니다. 한국의 영어 광풍은 자발적으로 선택한 것이 아니다. 물론 미국이 우리에게 직접적으로 영어를 강요하지 않았다. 그러나 우리가 가지고 있는 잘못된 정책과 시스템이 온 국민에게 영어를 강요하고 있다. 그중에서도 가장 강력한 힘을 발휘하는 것은 대학 입시와 대기업 취업 시험에서의 영어 점수의 혜택이다. 이는 우리나라의 정치사회와 시민사회가 합작하여 만들어낸 헤게모니이다. 그리고 그 책임은 정치 지도자들과 지식인 그룹에게 있다.

영어 헤게모니를 조장한 정부의 영어 정책

1994년 김영삼 대통령의 시드니 방문 후, 김영삼 정부는 갑자기 '세계화'를 국가 전략으로 내놓으며, 정부의 핵심 정책으로 설정했다. 그리고 정확한 개념 없이 '세계화'라는 화두를 던졌을 때, 정부와 교육부의 관료들은 '세계화'를 곧바로 '영어화'와 연결시켰다. 그리고 곧이어 초등학교 영어교육이 정책적으로 실시되었다. 1997년, 아무런 준비도 없이 초등학교에 영어 수업을 도입한 것은 파격적인 일이었다. 일주일에 몇 시간 수업인가는 중요하지 않았다. 영어가 초등학교 3학년의 의무교육으로 내려왔다는 사실이 중요했다. 국민에게 이것은 영어교육을 유치원부터 시작해야 한다는 메시지일 뿐이었다.

국민들은 초등학교 5학년에 시작했던 영어 사교육을 유치원부터 시작하는 쪽으로 곧바로 움직였다. 이와 같은 변화를 국민들이 스스로 영어의 중요성을 느껴서 자발적으로 선택한 것이라고 할 수 있는가?

정부의 영어 정책은 곧바로 입시 정책으로 확대되었다. 2000년을 전후로 영어 특기자전형을 대학 입학 제도에 도입한 것이다. 대학입시에서 영어를 차별적으로 우대하게 되었을 때, 이는 영어 헤게모니를 조장하는 가장 강력한 요인이 되었다. 토익이나 토플 점수만 있으면, 대학에 갈 수 있는 기회가 주어졌을 때 국민들은 영어가 그 어떤 과목보다 유리하고 중요하다고 생각하게 되었다. 영어 특기자 전형이 도입된 지 10여 년이 지난 지금, "수능 NO, 내신 NO, 나의 경쟁력은 Only English!"에서부터 "난 TEPS로 대학 간다"까지 영어는 대학 입학을 보장하는 요술방망이처럼 그 자리를 굳혔다. 전 세계에서 토익시험에 가장 많이 응시하는 국민이 되고, 미국 대학 입학용 시험인 토플을 한국의 초등학생들까지 응시하게 만든 것이 국민들이 스스로 영어의 중요성을 느끼고, 스스로 영어를 공부하고 싶어서라고 말할 수 있을까?

정부의 시책과 발맞추어 대기업들도 신입 사원의 채용과 기존 사원의 승진을 위한 선별 조건으로 토익 점수를 요구하기 시작했다. 일반 시민들이 선망하는 대기업 취업과 승진의 우선 조건으로 영어 성적이 채택되자, 취업과 승진을 앞둔 모든 사람이 영어에 또 다시 뛰어들었다. 나이에 상관없이, 업무의 내용과도 상관없이, 대학생들과 직장인들이 학원의 새벽반에 등록하게 된 것이 이들이 영어 자체가 중요한 것이라고 느끼고, 자발적으로 영어를 공부하게 된 것이라고 말할 수 있는 것일까?

오늘날 한국 국민 전체를 움직이게 만드는 가장 강력한 요소는 두 가지이다. 바로 대학 입학과 대기업 취업이다. 정치가들과 경제인들은 국가 경쟁력을 높이기 위해 전 국민이 영어를 잘해야 한다고 주장한다. 그러나 일반 국민들이 영어에 돈과 시간을 투자하는 이유는 세계화를 위해서가 아니라, 대학 입학과 대기업 취업을 위해서이다.

대학 입시의 영어 프리미엄

대학 입시에서 영어 특기자 전형은 영어 프리미엄을 비정상적으로 높인 가장 큰 요인이다. 대학 입시에서 영어 성적만 있으면 대학을 입학할 수 있는 기회가 제공되었기 때문에 부모들은 경제력의 한도를 넘으면서까지 자식들의 영어 교육에 몰두했다.

2009학년도 입시의 경우 학생 선발에 토익을 활용하는 대학교는 전국 4년제 대학교(총 198개교) 가운데 약 42%인 83개교였다. 900점(990점 만점) 이상의 높은 기준점수를 요구하는 대학도 11개교였다. 또한 토익 점수만으로 학생을 선발한 대학이 5개, 토익 성적을 90% 이상 반영하여 선발한 대학은 4개교였다. 영어 점수는 입학시험에만 활용되는 것이 아니다. 토익 점수에 따라 장학금을 수여하는 대학도 31개교나 있었다. 점수에 따라 장학금의 액수가 차등 지급되는데, 최소 20만 원에서 최대 한 학기 등록금 전액에 이르기까지 그 지원 규모가 다른 어떤 특기자 장학금보다 광범위하고 다양했다.

반면에 대학입시에서 국어 점수를 특기자 전형의 기준으로 채택한 대학이 없다는 것은 국민들에게 곧바로 한국어와 영어의 가치를

영어학자의 눈에 비친 한국어의 힘

차별하게 만드는 지표가 된다. 대학 입시에서의 지나친 영어 특혜는 어떤 제국 언어 정책 못지않은 파괴력을 가지고 국민의 경제와 한국어의 지위를 흔들며, 영어 헤게모니를 강화하고 있다.

공기업과 대기업에서의 영어 특혜

정부기관, 공기업, 그리고 사기업에서 영어에 주어지는 특혜 또한 대학의 영어 특혜 못지않게 광범위하고 강력하다. 2004년부터 사법고시, 행정고시, 기술고시, 입법고시는 토익 700점 이상의 점수를 요구한다. 경찰 공무원 시험이나 소방공무원 시험 등 국가 공무원시험에서도 토익 점수에 따라 가산점이 부여된다. 또한 경력직 공무원들의 인사 고과에도 가점이 부여된다.

국가 고등고시 토익 적용 시기 및 기준 점수

시험명	적용시기	토익 기준 점수	시행처
외무고시	2004년	775점	행정자치부
사법고시	2004년	700점	법무부
행정고시, 기술고시	2005년	700점	행정자치부
입법고시	2005년	700점	국회사무처

국가 공무원 시험 가산점 부여

시험명	가산점 부여
경찰공무원 시험	900점 이상 4점, 700점 이상 3점, 600점 이상 2점
해양경찰공무원시험	800점 이상 3점, 700점 이상 2점, 600점 이상 1점
소방공무원시험 소방간부 후보생 시험	토익 800점 이상 5%, 700점 이상 3%, 600점 이상 1% 가산점 부여
초.중등 교원임용시험	점수 별로 0.5점~3점의 가산점 부여 (지역별로 다름, 중등은 영어과만 해당)

기 관	토익 활용 내용
서울시 공무원	5급 이하 경력직 공무원 : 토익 700점 이상 취득 시 0.25점의 인사가점 부여 6급 공무원 인턴제 : 775점 이상 지원 가능
경찰 공무원	870점 이상 0.5점, 790점 이상 0.3점, 730점 이상 0.2점 인사 가점 부여
국가정보원	7급 공개채용 시 토익 성적으로 필기시험 대체
대한법률구조공단	일반직 7급 공개채용 시 토익 700점 이상 취득자만 응시 가능

한편 2008년 1000대 기업의 채용 공고를 분석한 결과, 사기업의 경우 92.8%의 기업에서 채용 시 토익과 같은 공인 어학시험의 성적을 활용하는 것으로 나타났다. 그리고 인사고과 시 45.5%의 기업에서 토익 점수를 활용하고 있는 것으로 나타났다. 토익 점수는 승진(43.2%), 직원 배치(28%), 해외 파견자 선발(14.8%), 임직원 교육(14%)에 활용되고 있었다.

공기업과 대기업에서 다른 어떤 기능이나 능력 이전에 영어 점수에 이와 같은 특혜를 주는 것은 겉으로 드러나지만 않았을 뿐 국민들에게 영어를 강요하는 요인이 되었다.

한국인의 능력을 평가하는 도구

그런데 왜 이렇게 모든 기관에서 영어를 가장 중요한 평가 기준으로 활용하게 되었을까? 물론 정부 시책을 비롯한 사회 전반에 걸친 영어 헤게모니 때문이다. 그러나 그것 외에 우리가 주목해야 할 또 한 가지 이유가 있다. 모든 분야에서 영어가 이렇게 가장 기본적인 평가 기준으로 사용되는 이유는 우리 사회에 아직 모든 국민이 받아들일 수 있는 적절한 평가 도구가 없기 때문이다. 한국인의 정서로는 아직 업무능력이나 실적에 따라 평가를 하거나 평가를 받는 것에 익숙하지 않았다. 그러나 세태의 흐름에 따라 나이나 인맥에서 벗어난 공정한 평가를 실시해야 할 필요가 생겼을 때, 영어 점수는 누구의 원망도 받지 않으면서 평가할 수 있는 편리한 도구가 되었다.

이는 학생 평가에서도 마찬가지이다. 입학사정관 제도가 수많은 당위성에도 불구하고, 끊임없이 공격받는 이유는 공정한 평가기준의 문제 때문이다. 3년을 가르친 지도 교사가 학생 추천서를 쓴다고 해도, 그 추천서가 객관적이라고 믿을 수 없고, 대학 교수가 면접을 통해 학생을 판단한다고 해도 그 공정성을 믿을 수 없을 때, 영어보다 편리한 평가 기준을 찾기 힘들다. 이것이 바로 그 많은 '특기자 전형' 또는 '대학별 독자적 기준'에서 토익 점수가 활용되는 이유 중에 하나이다. 학생을, 신입사원을, 혹은 승진 대상자를 공정하게 평가해야 하지만, 모두가 동의할 수 있는 적절한 기준을 마련하지 못한 경우, 영어 점수를 요구하는 것이다. 그러면 아무도 이의를 제기하지 못한다.

영어를 못하는 것을 창피하다고 생각하는 국민들에게 영어 점수가 몇 점이냐고 물으면, 모두 꼬리를 내리고 뒷걸음질 친다. 영어를 못하는 것은 자신의 책임이라고 생각하고, 아무도 이의를 제기하지 못한다. 그러니 결국 서열을 정해야 하는 평가에서 영어보다 편리한 방법이나 기준이 어디 있겠는가? 당신은 영어를 못하기 때문에 탈락한 것이라고 이유를 달면, 학부모에서부터 입사 준비생과 경력 직원까지 아무도 항의도 할 수 없는 것이 우리의 현주소이다. 그러나 이처럼 강력한 영어 권력이 미국 식민지 말고 어디에서 또 일어날 수 있을까?

영어를 잘 하는 사람이 필요 없다고 말하는 것이 아니다. 모든 시험에서 영어를 제거해야 한다고 말하는 것은 더욱 아니다. 그러나 모든 분야에서 업무와의 연계성에 상관없이 영어 점수를 우선 조건으로 요구하며, 영어 우대 문화를 조성하는 것은 무책임하고도 위험한 일이다. 대학은 대학대로 기업은 기업대로 남들이 하니까 혹은 평가대상자들이 시비를 걸지 못하는 것이라는 편리함에 안주하며 영어를 평가 기준으로 제시하는 동안, 영어 프리미엄만 높아지고, 국민들은 점점 더 영어의 그늘 아래에서 고통 받게 된다.

4 영어 헤게모니를 강화하는 엘리트들의 미국 편중화

정부의 정책만 영어 헤게모니를 조장한 것은 아니다. 해방 후 한국 사회를 이끌어온 엘리트들의 미국 편중화는 영어 헤게모니의 또 다른 주역을 담당했다. 해방 이후 미국에서 유학하고 돌아온 지식인들은 한국 사회의 엘리트가 되어 다양한 특권을 누렸다. 일반 서민들은 이들이 누리는 다양한 특권의 소스를 영어 실력 때문이라고 생각하고, 모든 것을 희생해가며 자식의 영어 교육에 매달리고 있다.

서울대 교수의 미국 박사 편중화

사회 지도층 그룹의 미국 편중화는 한국 사회의 영어 헤게모니를 강화하는 가장 큰 동력이다. 오늘날 한국 사회에서 미국 박사 우대의 실상을 가장 단적으로 보여주는 예는 서울대 교수의 미국 박사학위 편중 현상이다. 서울대의 인터넷신문 『스누나우』가 2005년 서울대 교수 1711명의 박사학위 취득 국가를 분석한 결과 전체 서울대 교수 중 약 53%가 미국 박사 출신이었다. 반면에 같은 기간 이웃나라 일본 동경대 교수의 미국 박사 비율은 3.2%였다. 이는 한국의 지식인 그룹의 미국 편중이 얼마나 심각한 것인가를 가장 단적으로 보여주는 수치이다.

전공별 미국 박사 편중은 훨씬 심각했다. 예를 들어, 사회과학대학의 경우 교수 중 82%가 미국 박사이며, 자연과학대학의 78%, 공학계열의 76%가 미국 박사였다. 특히 정치학과의 경우 11명의 교수 중

독일 출신의 한 명을 제외하고는 모두 미국 출신이었고, 경제학부는 30명의 교수 가운데 25명이 미국 박사였다. 특히 경영, 행정, 경제 등 사회과학대의 미국 박사의 증가율은 우리사회에서의 미국 편중의 가속도가 얼마나 심각한 것인가를 명확히 보여준다. 사회과학대의 미국 박사 비율은 1960년대에는 20%였으나, 1980년대에 50%를 넘어섰고, 2005년에는 82%까지 증가했다. 반면에 국내 박사학위 취득자는 그와 반대로, 1960년대에 60%에서 2005년에는 5%로 극감했다.

세상에는 미국에만 좋은 대학과 훌륭한 학자가 있는 것이 아니다. 그런데 미국을 제외한 전 세계의 선진국에서 박사학위를 취득한 교수의 비율은 1960년 이래 50여 년간 변함없이 10%에 머물고 있다. (『스누나우』, 2005.1.17) 이는 미국이 1950년대부터 1970년대까지 우리나라의 가난한 엘리트들에게 뿌린 미국 교육의 씨앗이 얼마나 효과적으로 그 열매를 맺고 있는가를 가장 쉽게 보여주는 예이다.

서울대는 우리나라의 학문의 근거지일 뿐만 아니라, 정치와 경제를 리드하는 사회 지도층을 배출하는 지도자 양성의 중심부이다. 이와 같은 서울대의 미국 편중은 곧바로 우리나라의 모든 분야가 미국에 편향된 시각에서 문제를 보고 해결하도록 만든다. 케임브리지 대학의 장하준 교수는 한국인 경제학자들의 미국 편중화를 심각하게 우려하며, "경제학자라면 달걀을 한 바구니에 담지 말라는 격언을 알 것이다. 한국 사회과학은 이 달걀 바구니의 함정에 빠져 다양성을 잃어버리고 있다"(『시사저널』, 2005.1.17)라고 충고했다. 그러나 이 모든 위험성에도 불구하고, 미국의 경제적 지원으로 기반을 다진 한국의 지식사회는 미국 편중의 순환 고리에서 벗어나지 못하고 있다.

서울대 학생들의 미국 유학 편중화

우리나라 엘리트들의 미국 편중이 얼마나 심한가를 명확히 보여준 또 다른 예는 서울대 학생들의 미국 유학 편중이다. 2005년 1월 미국 고등교육 전문지인 『고등교육 잡지(*The Chronicle of High Education*)』의 발표에 따르면, 서울대는 미국 박사를 가장 많이 배출한 세계 1위의 외국대학이었다. 1999년부터 2003년까지 서울대는 모두 1655명의 미국 박사를 배출했는데, 이는 미국의 버클리대(2,175명) 다음으로 전 세계에서 2위였으며, 미국 대학을 제외한 전 세계의 외국 대학들 가운데 1위였다.

미국 기자는 서울대가 미국 박사를 가장 많이 배출하는 외국대학이라는 것이 이번 조사 자료 중에서 가장 놀라운 일이라고 전했다. 서울대 외에 대만 국립대(1,190명·2위), 중국 베이징대(1,153명·3위), 연세대(720명·5위), 고려대(445명·8위)가 포함되어 있었다.(『한겨레』, 2005.1.17) 전 세계의 수많은 대학들 중에서 미국 박사를 가장 많이 배출한 10개 대학에 우리나라 대학이 3개나 포함되었다는 사실은 우리나라 지식 사회에서 미국 편중화가 얼마나 심각한 것인가를 극명하게 보여준다.

서울대 학생들의 미국 유학 편중은 서울대 교수의 미국 박사 편중과 맞물려, 서울대에서 그리고 우리나라 전체에서 미국 편중과 영어의 확산이라는 악순환의 고리를 강화하고 있다. 서울대의 미국 편중은 6·25전쟁 이후 미국의 장학금에서 시작되었다. 가난했던 시절 미국의 장학금으로 미국 유학을 하고 돌아온 한국의 엘리트들이 서울대에 자리를 잡기 시작했다. 그리고 미국 박사 교수들은 두 가지 방향으로 미국 편중화를 심화시켰다. 하나는 신임 교수 선발 시 미국 박사를 선호하여 교수진의 미국 편중을 심화시켰다. 다른 하나는 학생 지도 시 자신이 익숙한 미국으로의 유학을 권유함으로써 서울대 학생들의 미국 유학 편중을 초래했다. 결국 미국 박사들이 서울대 교수의 대부분을 차지하게 되고, 이는 다시 서울대 학생들을 미국으로 가게 만드는 순환 고리를 만들고 있다.

영어의 확산, 미국의 장학금

영어가 20세기에 들어 전 세계로 확산되며, 국제사회에서 가장 강력한 힘을 가진 언어가 된 배후의 역사에 대하여 필립슨은 다음과 같이 정리한다.

> 1600년경까지만 해도 유럽에서 일개 변방어였던 영어가 오늘날 국제사회의 의사소통을 위한 가장 중요한 언어로 자리 잡았다. 이 놀랄만한 발전은 17~19세기 동안 영국의 정복과 식민지 정책의 결과이다.
> 그러나 영어의 세력은 미국이 제2차 세계대전 직후 군사적 대국으로 그리고 기술적인 측면에서 세계의 리더로 등장하면서 급진적으로 가속화되었다. 또한 이 과정은 1950~1970년 사이에 미국의 정부와 민간 재단에서 제공한 수많은 기금과 장학금에 의해 더욱 가속화되었다. 아마도 이 기간 동안 투자된 기금이 인류 역사상 한 언어의 선전을 위해 이용된 비용 중 가장 많은 액수를 차지할 것이다. (Phillipson: 7쪽)

필립슨이 지적한 것처럼 제2차 세계대전이 끝난 후 미국은 수많은

영어학자의 눈에 비친 한국어의 힘

장학금을 수여하며 후진국의 엘리트들이 미국에서 유학을 하도록 지원했다. 그리고 이 정책이 결국 영어의 확산을 증폭시켰다. 한국의 지식인 그룹 뒤에도 미국의 경제적 지원이 있었다. 해방 후 가난했던 한국의 엘리트들을 지원하며, 미국으로 유도한 것은 미국 정부와 기관의 장학금이었다. 세계에는 영국, 독일, 이탈리아, 프랑스, 스페인, 일본 등에도 미국 대학 못지않게 학문적으로나 교육의 질적 측면에서 우수한 대학들이 많은데, 우리나라 교수와 학생들이 미국으로만 편중하는 이유가 바로 여기에 있다. 미국은 제2차 세계대전이후 우리나라뿐만 아니라, 전 세계의 후진국의 엘리트들에게 막대한 장학금을 지원하며, 미국 유학을 도왔다. 지금은 우리나라가 경제대국이 되어 그 대열에서 빠졌지만, 미국은 제3국의 유학생들에게 지금도 장학금을 지원하고 있다. 가난했던 시절 우리나라 엘리트들은 다른 어느 선진국보다 미국에서 싼값으로 선진문명을 배울 수 있었다. 그리고 그 대가로 미국 유학파들이 한국의 학문에서부터 영화까지 모든 분야에서 미국 중심의 나라가 되는 영어 헤게모니의 배경을 마련했다.

독일과 프랑스도 후진국의 젊은이들을 장학금으로 유치하여 교육시키는 것이 국익을 위해 도움이 된다는 것을 알고 있었다. 그래서 그들도 열심히 후진국의 학생들을 유치하여 교육시켰다. 30년 전에 우리나라 과학도들도 프랑스와 독일의 장학금으로 공부를 했다. 그러나 미국에 비해 20년 이상 늦었고, 그 숫자도 미국에 비하면 매우 작았다. 미국이 아닌 외국박사 학위가 우리나라에서 상대적으로 대접을 못 받는 이유는 미국 박사가 시기적으로 빨리, 그리고 양적으로는 비교할 수 없을 만큼 많이 양성되었기 때문이다. 미국 박사들이 먼저 우리나라의 지식인 그룹을 형성하여, 한국 사회 전반을 리드했기 때문이다. 서울대 교수의 미국 편중은 다시 서울대 학생들을 미국으로 보내는 순환구조를 만들고, 다른 추종자들도 미국 쪽으로만 눈을 돌리게 되었다.

그리고 이와 같은 미국 편중은 우리나라에서 외국어 교육의 영어 편중을 초래했다. 그리고 영어 편중은 다시 미국으로 유학을 갈 수밖에 없는 순환 고리를 만들고 있다. 외국 유학을 하려면 외국어가 전제 조건이다. 그런데 우리나라에서는 영어 이외의 외국어 교육을 받을 기회는 거의 없다. 우리나라 중·고등학교나 대학교에서 이탈리아어나 스페인어를 공부할 기회가 있는가? 우리 사회는 중·고등학교의 학생들에게 영어만 강요하며, 다양한 외국어를 접해볼 기회를 주지 않는다. 그리고 이것은 영어권을 제외한 다른 나라들에 관심을 가질 기회와 다른 나라에서 새로운 것을 배워올 기회를 없애는 결과를 낳고 있다.

5 한국어로 교육받을 국민의 언어 권리

영어 강의의 전달력에 대한 많은 우려에도 불구하고, 현재 영어강의 비율은 수도권 주요대학이 30%, 비수도권 대학이 10%로 양적으로 빠른 증가를 보이고 있다.(연합뉴스, 2011.6.2) 그러나 교수와 학생들의 모국어를 무시하고 진행되는 영어강의는 강의 내용의 부실을 가져올 뿐 아니라 학생들의 사고력과 창의력 향상을 방해하는 요인이 되고 있다. 이 기형적인 사회 현상은 잘못된 영어 논리가 빚어낸 언어권리 침해이다.

대학에서의 영어 강의와 대학의 국제화

'대학의 국제화'를 슬로건으로 하는 대학에서는 학부의 전공 수업을 영어로 진행하는 것이 유행처럼 번지고 있다. 서울의 주요 대학들과 카이스트에 이어, 2010년에는 포항공대와 광주과기원이 영어 공용화 캠퍼스 정책을 공표했다.

포스텍(포항공대)이 올해 신학기부터 대학 내 강의와 회의 등을 영어로 진행하는 '영어공용화 캠퍼스'를 추진하기로 했다. 백성기 총장은 "3년 내에 영어공용화 캠퍼스를 정착시켜 대학 내 모든 강의와 회의, 문서 등에 영어를 사용하도록 할 방침"이라고 말했다.(『동아일보』, 2010.2.11)

광주과기원(GIST)은 올해 처음으로 입학하는 학부 신입생 100명 전원을 대상으로 영어공용화를 실시하겠다고 밝혔다. 국사 등 일부 과목을 제외하고는 학부생이 듣는 모든 강의를 영어로 진행하고, 학교 행정문서도 국어와 함께 영어를 병용하겠다는 것이다.(『조선일보』, 2010.3.1)

대학에서 영어 강의를 실시하는 목적은 두 가지라고 말한다. 첫째는 대학의 국제화를 위해서이다. 미국이나 영국의 주요 언론에서 매년 세계 대학들의 랭킹을 평가하는 기준에 외국인 학생 수와 외국인 교수의 수가 포함되어 있다. 세계 10위권의 대학을 목표로 한다는 슬로건을 걸고 있는 대학들은 외국인 학생과 외국인 교수의 유치에 매우 적극적이다. 외국인 유학생들이 증가하는 상황에서, 한국어에 약한 외국인 학생들이 강의를 듣게 하기 위해서 영어 강의를 실시할 수밖에 없다고 한다. 둘째는 한국 학생들의 영어 능력 향상을 위해서이다. 이 대학들은 학생들의 국제적 경쟁력을 높이기 위해서는 영어가 필수적이며, 영어 몰입교육을 통해 한국 학생들의 영어 실력을 높이기 위해 영어 강의를 실시한다고 한다.

그러나 이 두 가지 목적 모두 되짚어 볼 필요가 있다. 첫째, 외국인 학생들을 위해 우리나라 학생들이 피해를 보게 되는 상황은 어떻게 보상할 것인가? 2010년 교육인적자원부의 통계에 의하면, 전국의 대학생 수는 대학원생을 포함하여 총 3,059,028명이었으며, 이들 중에서 학생비자(D-2)를 가진 외국인 학생 수는 총 6만 9천 6백 명이었다. 이는 전체 대학생의 2.2%에 불과하다. 유학생 중에서도 중국학생이 80.7%(56,185명)로 가장 많은 비중을 차지했고, 그 뒤로 베트남, 일본, 몽골 순이며, 영어를 모국어나 공용어로 하는 미국, 인도, 밀레시아, 파키스탄 등의 학생은 모두 합하여 4%(2천 9백 명) 정도였다. 이는 영

영어학자의 눈에 비친 **한국어의 힘**

어권의 학생 비율이 전체 대학생의 0.1%에 해당한다는 의미이다.

2%의 외국인 학생을 위하여, 98%의 한국 학생들이 한국 땅에서 자신의 모국어가 아닌 영어로 강의를 들어야 한다고 하면, 누가 이 논리를 수긍할 수 있을까? 더구나 영어 강의를 알아들을 수 있는 외국인 학생은 전체 대학생의 0.1%에도 못 미치는 숫자이다. 0.1%의 영어권 학생을 위하여, 99.9%의 학생들이 영어 강의를 감수해야 하는 것이라면, 이는 외국인 학생들에 대한 배려가 아니라, 영어를 할 줄 하는 사람들에 대한 종속이라고 볼 수밖에 없다.

그러나 영어를 할 줄 아는 외국인 학생이 몇 퍼센트인가를 따지기 이전에 더 근본적인 문제가 있다. 그것은 우리나라에서 유학생들이 왜 한국어로 강의를 듣지 않고 영어로 강의를 듣도록 조장하는가 하는 점이다. 우리나라 유학생들의 입학 조건의 특이점 중 하나는 많은 대학의 경우, 입학 조건에 한국어 능력 점수 혹은 영어 능력 점수 중 하나를 선택하여 제시하면 된다는 이중언어 정책이다. 미국의 대학에 유학을 가려면 영어 토플 점수를 우선 조건으로 요구한다. 미국 대학에서 유학생을 받을 때, 토플 점수나 프랑스어 점수 중 어느하나를 내면 된다고 하는 경우는 없다. 그런데 우리나라는 이중언어국가도 아니면서도 한국어나 영어 중 어느 한 가지 언어를 하면, 우리나라에서 대학 과정을 수강할 수 있다고 인정하는 것 자체가 문제이다. 이는 외국 대학생들을 위해 한국의 대학 교수와 한국의 대학생들이 영어로 강의를 진행하고 들어야 하는 언어 식민지 상황을 초래한다.

영어 연습을 위한 대학의 영어 강의

대학에서 전공과목을 영어로 강의하는 두 번째 이유는 영어 몰입 환경을 통해 한국 학생들의 영어 실력을 높이기 위해서라고 한다. 전공 수업을 영어로 강의하여, 영어 실력도 늘리고 전공 공부도 함께해서 두 마리 토끼를 한 번에 잡자는 것이다. 이런 생각은 영어공용화를 실시해서 국민 전체의 영어 실력을 높이자는 것과 똑같은 맥락의 주장이다. 그러나 이중언어 정책이 사회의 언어차별을 조장할 뿐, 국민의 영어 능력을 길러주는 영어교수법이 될 수 없는 것처럼, 전공과목의 영어 강의는 수업내용의 부실을 가져올 뿐, 영어 교육의 효과는 미미하다. 이는 조금 과장되게 말하면 전공수업을 영어 연습 시간으로 활용하겠다는 뜻과 마찬가지이다. 영어 능력 신장을 위해 전공과목 교육을 희생해도 좋다고 생각하지 않는 한, 한국학생들을 대상으로 한 영어 강의의 확산은 조절되어야 한다. 영어공용화나 영어 강의는 일석이조의 문제가 아니다.

영어 강의는 교수들의 언어 권리도 침해하고 있다. 많은 대학이 영어 강의를 의무로 규정하거나 혹은 영어 강의에 대해 많은 인센티브를 제공하고 있다. 그러나 일반 교수들의 임무는 학생들의 영어 능력을 신장시키는 것이 아니라, 자신의 전공을 가르치고 전수하는 것이다. 그리고 한국 교수는 한국어로 강의할 때 가장 훌륭한 강의를 할 수 있고, 한국 학생들은 한국어로 강의를 들을 때, 강의를 가장 잘 이해할 수 있다. 한국 교수가 자기가 알고 있는 지식을 가장 효율적으로 전달할 수 있는 것이 한국어라면, 한국어로 전공 지식을 강의하고 전수할 권리와 책임이 있다. 또 학생들이 전공 수업의 내용을 가장 잘 전달받을 수 있는 것이 한국어라면, 학생들도 한국어로 강의를 들을 권리가 있다.

우리나라의 대학생들은 자신의 전공 강의를 영어로 들을지, 한국어로 들을지 선택할 권한을 가질 수 있어야 한다. 대학 교수들도 한국어 강의와 영어 강의에 대해 똑같은 대우를 받아야 한다. 한국어로 교육 받고, 한국어로 교육하는 것은 대한민국의 국민들이 지켜야 할 언어 권리이다.

제5장
언어 제국주의를 지탱하는
두 가지 이데올로기

"

언어 제국주의의 마지막 단계는 피지배자들이 자신의 모국어를 제국 언어로 바꾸는 것이다. 이런 언어교체는 종종 제국의 강압에 의해서 일어나는 것이 아니라, 피지배자들이 자발적으로 제국 언어를 선택하는 것처럼 보인다. 이때 제국 언어가 더 훌륭한 언어이며, 제국 언어로 갈아타는 것은 인류의 진보를 위해 당연하고 현명한 선택이라는 합리화를 유도하는 언어 이데올로기들이 있다. 언어 제국주의를 정당화하는 첫 번째 이데올로기는 언어진화론이다. 그리고 그 맞은편에는 피지배인들이 겪게 되는 모어 페시미즘이 있다. 언어 진화론과 모어 페시미즘은 언어 제국주의를 정당화하는 두 가지 이데올로기이다.

"

|1| 언어 제국주의를 정당화하는 언어 진화론

언어 진화론은 다윈의 생물진화론의 진화 개념을 언어에 도입하여, 생명체를 고등동물과 하등동물로 분류하는 것처럼, 인간의 언어도 진보한 언어와 미개한 언어로 이분화 한다. 또한 생명체가 하등동물로부터 고등동물로 진화해 온 것처럼, 인간의 언어도 하등 언어에서 고등 언어 쪽으로 진화하며, 미개한 언어에서 발달한 언어로 갈아타는 것이 자연스럽고 가능하다는 이론이다.

서양의 언어 진화론

독일의 언어학자였던 아우구스트 슐라이허(August Schleicher, 1821~1868)는 언어는 자연의 생명체와 똑같은 유기체로서, 태어나고, 성장하다가 최후에는 사멸한다고 생각했다. 그는 시간이 지남에 따라 사멸해가는 언어의 수가 늘어나고, 새로운 언어는 생성되지 않으므로, 과거에는 지금보다 훨씬 많은 수의 언어가 있었을 것이라고 가정했다. 그는 또한 다윈의 생물진화론처럼 언어도 진화하는 것이라고 생각했다. 그는 언어 구조의 차이를 진화 단계로 설명하는 과정에서, "굴절어는 바야흐로 세계를 담당하는 민족들의 언어"고, "굴절어만이, 즉 인도게르만어와 셈어만이, 오늘까지 세계사의 담당자였다"(다나카 가쓰히코: 59쪽)고 확신했다. 그는 프랑스어, 영어, 스페인어, 독일어 등과 같은 굴절어만 진화한 언어이고, 중국어를 포함한 다른 모든 언어는 미개한 언어라고 생각했다.

언어 자체의 우월성과 열등성을 구분하는 이분법은 슐라이허가 처음 제안한 것이 아니다. 이와 같은 언어 차별은 그 기원이 그리스까지 올라간다.

그리스인들은 이 세계를 그리스어를 사용하는 지역과 사용하지 않는 지역으로 구분하는 방법이 가장 간편한 분류법임을 발견했고, 그리스어를 사용하지 않는 지역을 '낯선 이방인들' 즉 야만인인 'barbarus' 범주에 넣고, 그로부터 로마인들은 '낯선 이방인'을 뜻하는 단어 barbarus를 차용했던 것이다. (…중략…) 야만인이란 그리스어를 말할 수 없었고, 단지 옹알거리고, 알아들을 수 없이 재잘거리며, 무슨 말인지 알아들을 수 없는 말을 연거푸 지껄이는 즉 어린애 말처럼(예: brbr, barbar) 단음절 반복 위주의 의성어란 특징을 나타내기 때문에 야만인이란 어원상으로 말을 할 수 없는 사람들이었다.(L. 칼베: 61쪽)

야만인(barbarian)이란 그리스 말을 하지 못하는 모든 사람을 의미했다. 서양의 야만인이란 개념은 그리스인의 언어 차별에 그 기원을 두고 있다. 그리고 이런 언어 차별은 그리스 시대 이후 서양 사회에서 끊임없이 지속되었다. 그리스어 이후 라틴어가 가장 진보한 언어로 취급되던 시대가 있었다. 그 후 프랑스어가 가장 진화한 언어로 대접받았다. 라틴어와 프랑스어의 그늘 아래에서 영어나 독일어나 이탈리아어는 열등한 언어로 취급되었다. 그러나 지금은 영어가 진화한 언어로 대접받고 있다.

동양의 언어 진화론

물론 이와 같은 언어 차별은 서양에서만의 일이 아니었다. 동양에서는 19세기 제국주의 시대 이전까지 중국어가 제국어의 역할을 해왔다. 세종대왕이 한글을 창제했을 때, 당시 최고의 학자였던 최만리는 한글의 부당함을 상소하는 과정에서 다음과 같이 말했다.

옛글에 말하기를, "화하(華夏)를 써서 이적(夷狄)을 변화시킨다" 하였고, 화하가 이적으로 변한다는 것은 듣지 못하였습니다. 역대로 중국에서 모두 우리나라는 기자(箕子)의 남긴 풍속이 있다 하고, 문물과 예악을 중화에 견주어 말하기도 하는데, 이제 따로 언문을 만드는 것은 중국을 버리고 스스로 이적과 같아지려는 것으로서, 이른바 소합향(蘇合香)을 버리고 당랑환(蟷螂丸)을 취함이오니, 어찌 문명의 큰 흠절이 아니오리까. (『조선왕조실록』, 1442.2.20)

동양의 모든 나라 사람들은 이와 비슷한 생각을 했다. 중국어는 몽골어, 일본어, 조선어보다 진보한 언어라고 생각했다. 조선의 양반들은 진보한 중국어를 제치고, 열등한 조선어로 국사를 돌보고자 하는 것은 문명을 거슬러 거꾸로 가는 것이라고 생각했다.

이후 언어 진화론은 식민지 정책이 확장되던 19세기에, 언어 제국주의를 합리화하고 지탱해주는 이론적 근거가 되었다. 대표적인 예가 일본의 경우이다. 일본은 식민지 확장과 함께 일본어를 확산시키고자 했다. 이때 일본학자들은 일본어의 확장을 정당화하기 위하여 언어 진화론을 이용했다. 동경대학의 교수였던 호시나 코이치는

영어학자의 눈에 비친 한국어의 힘

『대동아공영권과 국어 정책』(1942)이라는 저서에서 일본어가 일본 식민지의 공통어로 확산될 수밖에 없다며, 그 이유를 다음과 같이 제시했다.

> 문화가 뒤쳐진 국민이 그것이 우수한 국민을 접했을 경우에는, 그 국민의 언어를 다량으로 수입하는 것은 고래로 언어사에 있어서의 일반적인 통칙이다. 그런데 이제 대동아공영권이 건설되고 우리나라가 맹주가 되어 그 건전한 발전을 지도할 중책을 짊어지고 있다. (이연숙(2006): 330쪽)

일본어는 조선어보다 진보된 언어이며, 따라서 일본어를 조선인에게 보급하는 것은 물이 높은 곳에서 낮은 곳으로 흐르는 것처럼 자연스러운 일이라는 이데올로기는 조선어 말살정책을 정당화하는 이론적 근거를 마련해 주었다.

|2| 식민지인의 패배주의, 모어 페시미즘

언어진화론은 언어 제국주의를 합리화하는 이론적 근거를 마련해 주는 동시에, 다른 한편으로 약소국가 국민들이 자신의 모어를 부끄럽게 생각하면서 스스로 제국 언어로 교체하기를 희망하는 모어 페시미즘을 불러온다. 19세기 당시 서구 열강의 언어 앞에서 자신의 언어를 부끄럽게 느꼈던 일본이 대표적인 예이다. 일본은 근대화 과정에서 유럽의 언어에 대한 열등감과 모어 페시미즘을 가장 먼저 그리고 가장 심하게 느꼈던 나라이다. 다나카 가쓰히코(田中克彦)는 "자신의 모어를 끊임없이 찬미해 온 유럽인들에게는 대단히 이상하게 보일지도 모르는 이른바 모어의 본능에 반하는 모어 페시미즘이라고 할 수밖에 없는 전통이 일본에 있다"(다나카 가쓰히코: 62쪽)고 말했다. 극동아시아에서 다른 나라보다 근대화에 빨랐던 일본은 후일 식민지 경영을 위해 언어 진화론을 이용하였지만, 그 이전에 유럽의 언어에 대한 심한 모어 페시미즘을 겪었다. 그리고 우리도 모어 페시미즘에서 완전히 자유롭지 못하다.

19세기 일본의 모어 페시미즘

명치유신 이후 일본인들이 겪었던 모어 페시미즘은 서구 선진문화에 대한 열등감에서 비롯되었다. 일본의 모어 페시미즘이 처음으로 표면화된 것은 19세기 말 메이지 정부의 초대 문부대신이었던 모리 아리노리(森有禮)에 의해서였다.

모리 아리노리는 1872년에 예일대의 윌리엄 휘트니(William D. Whitney) 교수에게 보낸 편지에서 일본어의 한계성을 지적하며, 일본이 근대화된 서구 문명을 짧은 시간에 배워오기 위해서는 미개한 일본어를 문명화된 영어로 교체하는 것이 바람직하지 않겠느냐고 질문했다. 그 후 그는 영어 채용론에서 한걸음 더 나아가 일본어 폐지론을 제안했다. 그는 1873년 간행된 『일본의 교육』 서문에서 일본어에 대해 다음과 같이 한탄했다.

> 일본에 있어서의 근대 문명의 발걸음은 이미 국민의 심부에까지 달해 있다. 그 발걸음을 뒤따르는 영어는 일본어와 중국어 양쪽의 사용을 억누르고 있다. (…중략…) 이와 같은 상황에서 결코 우리들의 열도 밖에서는 사용되는 일이 없는 우리들의 빈곤한 언어는 영어의 지배에 복종할 수밖에 없는 운명이 정해져 있다. 특히 증기나 전기의 힘이 이 나라의 구석구석까지 퍼지고 있는 시대에는 그렇다. 지식의 추구에 여념이 없는 우리들 지적 민족은 서양의 학문, 예술, 종교라는 귀중한 보고에서 주요한 진리를 획득하려고 노력함에 있어서, 커뮤니케이션이 취약하고 불확실한 매체에 의존할 수는 없다. 일본의 언어로는 국가의 법률을 결코 유지할 수 없다. 이러한 모든 이유가 그 사용의 폐기의 길을 시사하고 있다. (이연숙(2006): 32~33쪽)

130년 전에 제안된 모리 아리노리의 영어 채용론은 당시 일본 지식인들이 가지고 있던 모어 페시미즘의 전형을 보여주는 예이다. 모리 아리노리가 영어 채용론을 제안했을 때, 그가 모어 페시미즘에 빠지게 된 이유는 일본어의 언어학적 측면의 한계 때문이었다. 당시의 일본어는 구한말의 조선어와 비슷한 상태로, 근본적으로 두 가지 문제를 안고 있었다.

일본어의 첫 번째 문제는 문어와 구어의 불일치 문제였다. 모리 아리노리는 『일본의 교육』 서문에서 "일본의 글말의 문체는 중국어와 다름없다. 모든 우리 교육기관에서는 중국의 고전이 사용되어왔다. (…중략…) 중국어의 도움 없이 우리 언어는 전혀 가르쳐질 수 없었으며, 어떠한 커뮤니케이션을 위해서도 우리 언어는 씌어지지 않았다. 이것이야말로 우리 언어의 빈약함의 증거이다"(이연숙(1999): 112쪽)라고 말하고 있다. 19세기 말 당시 일본의 글은 중국어 크리올에 가까운 한문 투의 언어를 사용하는 반면에 일본의 말은 구술언어 수준이었다. 모리 아리노리는 일본어가 서양의 신학문을 설명하고, 국가의 체제를 정비하고 유지하는 공식어의 역할을 할 수 없는 상태라는 것을 알고 있었다.

일본어의 두 번째 문제는 문자의 문제였다. 모리 아리노리는 당시 일본어는 표의문자인 한자에 의존하고 있어 매우 미개하며, 혹여 문자를 로마자와 같은 음성문자로 교체한다고 하더라도 문어와 구어가 일치하지 않기 때문에 근본적인 한계를 극복하기 어렵다고 생각했다. 이런 상황에서 모리 아리노리는 진보된 선진문명을 빨리 받아들이고, 서양과의 교류를 확대하기 위해서는 일본어를 개혁하는 것보다 영어를 모국어로 받아들이는 것이 더 빠르고 효과적이라고 생각했다.

모리 아리노리는 교육과 첨단 지식의 교환을 위해서, 그리고 공식 업무의 처리를 위해서 언어가 얼마나 핵심적인 역할을 하는가를 알고 있었다. 그가 일본어 페시미즘에 빠질 수밖에 없었던 이유는 당시의 일본어가 그 모든 막중한 일을 감당하기에 너무나 빈약했기 때문이다.

그런데 놀라운 것은 130년 전 일본 지식인의 모어 페시미즘이 20세기말 한국의 몇몇 지식인들 사이에서 똑같이 반복되고 있다는 점이다. 몇몇 사람들은 21세기 지식정보화 시대에 세계화를 위해서는 한국인들끼리만 통용되는 한국어가 아니라, 전 세계의 중요한 정보를 담고 있는 영어를 한국인의 공용어로 받아들여야 한다고 주장한다. 그런데 이 논리는 모리 아리노리가 일본어를 폐기하고 일본의 언어를 영어로 교체해야 한다고 말했던 논리와 똑같다. 어떻게 이렇게 똑같은 논리가 백 년의 간격을 두고 각기 다른 나라에서 반복될 수 있는 것일까? 21세기 한국어는 19세기 일본어가 가지고 있던 한계들을 모두 극복했다. 그런데도 19세기 일본식의 모어 페시미즘이 21세기 한국에서 반복되는 이유가 무엇일까?

130년 전 일본의 영어공용화 논쟁

모리 아리노리가 영어 채용론을 주장했던 당시에 일본의 모든 지식인이 모어 페시미즘에 빠져 있었던 것은 아니다. 모리 아리노리와 동시대인이었던 바바 타쓰이(馬場 辰猪)는 전혀 반대되는 시각을 가지고 있었다. 모리 아리노리가 자신의 모어인 일본어의 한계에 절망하고 있을 때, 바바 타쓰이는 결점이 많다고 하더라도 '모어가 가지는 민주성'은 어떤 외국어로도 보상될 수 없다는 것을 알고 있었다. 바바 타쓰이는 영어를 일본의 공용어로 채용했을 때 발생하게 될 사회적 문제를 다음과 같이 지적했다.

만약 국정이, 나아가 사회의 교류 전부가 영어로 행해지게 되면 하층 계급은 국민 전체와 관련되는 중요 문제로부터 소외당하게 된다. (…중략…) 그 결과 상층 계급과 하층 계급은 완전히 분리되어, 두 계급 사이에는 공통의 감정이 없어지고 만다. 이리하여 그들의 일체가 되어 행동할 수 없어져 통일에서 생기는 이점은 완전히 사라지고 말 것이다. (…중략…) 모어에 의한 보편적인 국민 교육을 실시하는 방법을 취하지 않는 한, 이러한 폐해는 필연적으로 존재할 것이다. (이연숙(2006): 41쪽)

모리 아리노리와 바바 타쓰이의 영어공용화 논쟁은 근대화의 후발 주자인 일본의 지식인들이 모어의 언어적 한계를 어떻게 극복할 것인가를 고민한 흔적이었다. 모리 아리노리는 일본어의 한계를 극복하는 것이 불가능하다고 생각하며, 일본인의 언어를 영어로 교체할 것을 제안했다. 반면에 바바 타쓰이는 모든 언어는 각각의 장단점이 따로 있을 뿐, 열등한 언어와 우등한 언어가 따로 있는 것이 아니라고 생각했다. 그는 모리 아리노리의 일본어 열등론을 부정하며, 일본어도 영어만큼 우수한 언어라는 것을 증명하기 위하여 일본어 최초의 문법서인 『일본어 문전(*An Elementary Grammar of the Japanese Language*)』을 영어로 출판했다. 모두 1873년의 일이었다.

모리 아리노리의 언어 진화론과 바바 타쓰이의 논쟁을 보며 새삼 느끼는 것은 일본은 이미 130년 전부터 영어공용화론을 고려했을 뿐만 아니라 영어공용화론의 문제점을 매우 정확하게 논의하고 있었다는 점이다. 이런 관점에서 보면, 우리는 일본보다 백 년이 뒤진 셈이다. 이 시간적인 뒤짐을 얼마나 빨리 극복하느냐가 우리에게 남은 숙제이기도 하다. 그러나 잘못된 방향으로의 서두름은 문제의 해결

영어학자의 눈에 비친 **한국어의 힘**

에 도움이 되지 않으며, 퇴보만을 자초할 뿐이다. 그러니 짧은 시간에 바른 판단과 방향 설정, 그리고 실천이 필요한 때이다.

시가 나오야의 프랑스어 채용론

일본의 모어 페시미즘이 가장 심하게 담겨있는 또 하나의 제안은 일본의 국어를 프랑스어로 대체할 것을 제안한 시가 나오야(志賀直哉, 1883~1971)의 프랑스어 채용론이었다. 근대 일본의 대표적인 소설가였던 시가 나오야는 제2차 세계대전 직후인 1946년에 '국어문제'라는 그의 논문에서 일본어만큼 불완전하고 불편한 언어는 없으며, 일본의 미래를 위해서는 세상에서 가장 좋고 아름다운 언어인 프랑스어를 국어로 채택하는 것이 좋겠다고 제안했다.

일본의 국어가 얼마나 불완전하고 불편한가는 여기에서 구체적으로 예증하기에는 번잡해서 할 수 없으나 40년 가까운 내 자신의 문필생활에서 이것을 통감해 온 바다. (…중략…) 그래서 나는 이제 일본은 결단을 내려서 세계에서 가장 좋고 가장 아름다운 언어를 그대로 국어로 했으면 어떨까 한다. 불어가 가장 좋지 않을까 한다. (…중략…) 과거에 집착하지 말고 현재의 감정을 버리고 백년, 이백 년 후의 자손을 위해서 결단을 내릴 때라고 생각한다. (…중략…) 지금까지의 국어와 이별한다는 것은 쓰라린 일임에 틀림없지만, 그것은 지금의 우리들의 감정으로서 50년, 백 년 후의 일본인에게는 아마도 그러한 감정은 없을 것이다. (정시호: 26쪽)

시가 나오야의 일본어 페시미즘은 제2차 세계대전에 패전한 이후 일본의 군국주의에 대한 비판과 반성의 과정에서 나왔다. 그는 일본이 잘못된 군국주의에 빠진 이유가 일본어의 비민주성에 있었다고 보았다. 즉 그는 일본어가 미개한 언어이고, 한자와 같은 어려운 문자를 사용하기 때문에, 일본의 민중을 교육하여 민주 의식을 함양하기에 부족한 언어라고 생각했다. 그는 일본의 민주화와 민중의 교화를 위해서 일본인의 모국어를 프랑스어로 교체할 것을 제안했다.

130년 전 영어 교체론을 제안했던 모리 아리노리나 65년 전 프랑스어 교체론을 제안했던 시가 나오야는 단순한 언어 매국노가 아니었다. 그들은 당시 최고의 지성인들이었으며, 누구보다 일본의 발전과 일본 국민들의 민주화에 깊은 관심을 가지고 있었던 사람들이다. 모리 아리노리가 일본의 경제 발전을 극대화하기 위한 실용주의 입장에서 영어 채용론을 주장했다면, 시가 나오야는 일본의 민주주의의 발전을 위해 일본어를 교체해야 한다고 생각했다. 그러나 두 사람 모두 일본어에 대한 극심한 절망감에 빠져 있었다.

일본과 한국의 모어 페시미즘의 차이

이제 우리의 언어 현실을 생각해 보자. 한국인들도 지난 이천 년 동안 그리고 현재에도 모어 페시미즘에 시달리고 있다. 중국어에 대한 열등감에서 일본어에 대한 열등감, 그리고 이제 영어에 대한 열등감으로 언어의 종류는 바뀌었으나, 제국 언어에 대한 열등감과 모어에 대한 페시미즘에서 벗어나지 못하고 있다. 오늘날 한국인들의

영어학자의 눈에 비친 한국어의 힘

영어 콤플렉스와 모어 페시미즘이 130년 전 일본의 지식인들이 시달렸던 유럽어에 대한 콤플렉스와 일본어 페시미즘보다 작다고 할 수 없다.

그러나 언어적 측면에서 한국이 일본과 전혀 다른 길을 걸어가게 될 근본적인 차이가 하나 있다. 그것은 우리에겐 한글이 있다는 것이다. 일본은 가타가나가 있지만, 일본어의 구조 자체가 한자에서 벗어나기 어렵다는 결정적인 한계를 가지고 있다. 오늘날까지 일본의 지식인들이 일본어에 한계를 느끼는 이유는 일본어가 여전히 한자에 의존할 수밖에 없다는 언어 구조적 한계에서 오는 것이다. 그러나 우리의 현실은 이와는 다르다. 우리에게는 로마 알파벳보다 더 진보한 한글이 있고, 한자에 의존하지 않고 한글로 모든 정보의 공유가 가능하다.

언어 제국주의를 극복하고 진정한 의미의 언어의 민주화를 이루기 위해서는 언어 진화론과 모어 페시미즘의 잘못된 연결고리에서 벗어나야 한다. 이는 영어를 더 많이 배우는 것으로 해결할 수 있는 문제가 아니다. 이는 언어 제국주의에 대한 정확한 이해와 모국어의 역할에 대한 바른 이해를 바탕으로, 자신의 모어에 대한 자긍심을 회복함으로써만 해결할 수 있는 문제이다.

19세기 말 조선이 서구 사회를 향해 문을 열기 시작한 직후, 조선 최초의 미국 유학생이 3명 있었다. 모두 일본과 미국에서 유학하고, 전 세계를 돌며 당시 선진 문명과 국제 동향을 목격하면서, 뒤떨어진 조선과 조선의 민중을 위해 무엇이 최선인가를 누구보다 깊이 고민했던 조선의 엘리트들이었다. 그들은 조선 사회에서의 자신들의 임무와 역할에 대해 커다란 책임감을 가지고 있었으며, 자신의 믿음에 따라 조국을 위해 최선을 다해 몸 바쳐 일한 리더들이었다. 그러나 그들이 가진 세계관의 차이로 그들어 걸어간 길은 각기 달랐다.

언어 천재 윤치호

윤치호(尹致昊, 1865~1945) 하면 언제나 따라다니는 두 가지 수식구가 있다. 언어천재와 친일파. 윤치호는 당대 최고의 영어 실력을 가진 언어 천재였다. 그의 영어 실력은 미국과의 외교에 활용되었을 뿐만 아니라, 조선에 들어와 있는 외국인들의 관리에도 십분 활용되었다. 또한 60여 년간 영어일기를 써서 당시의 사회적 사건들을 기록으로 남기기도 했다. 한편, 일제 식민지 정책을 불가피한 것으로 받아들이며, 일제 말기 내선일체의 정당성을 전파하며, 친일 활동에 앞장섰다.

윤치호는 한국인 최초로 영어를 본격적으로 배운 사람이다. 그는 1881년(16세)에 신사유람단을 따라 일본에 건너가, 1883년 4월까지 일본에 체류했는데, 그 사이 독학으로 일본어를 공부하고, 김옥균의 권유로 1883년(18세)에 레온 폴데르(Leon V. Polder)에게서 4개월간 영어를 배웠다. 영어 수학 기간이 짧았음에도 불구하고, 1883년 5월에 서울로 돌아와 주한미국공사 푸트(Lucius Harwood Poote)의 통역관으로 발탁되어 임금 앞에서 통역을 수행했을 만큼 당시 최고의 영어 능력 보유자였다. 갑신정변이 실패한 후 윤치호는 1885년에 청나라 상해의 중서서원에 입학하여 3년 6개월 동안 수학했다. 그 후 1888년에 미국의 밴더빌트 대학과 에모리 대학에서 5년 동안 수학했다. 윤치호는 일본, 중국, 미국 등 3개국에서 총 11년 동안 유학을 했다.

윤치호는 미국에 유학 간 후 영어로 일기를 쓰기 시작해서 죽을 때까지 계속 영어 일기를 썼다. 1883년부터 1887년까지는 한문으로, 1887년 말부터 1889년까지는 국문으로, 1889년 12월 7일 이후는 영문으로 기록했다.(윤치호(2001): 31쪽) 영어로 일기를 쓰기 시작한 초기에 윤치호는 다음과 같이 썼다.

> I have a Mission to fulfill and my life will be either a failure or success according as how well or ill I may discharge my duties. What is this Mission? It is this: preaching the Gospel and giving education to my people.
>
> 나는 완수해야 할 소명을 가지고 있다. 그리고 내가 이 의무를 얼마나 잘 완수했는가에 따라 나의 삶은 성공하거나 실패하게 될 것이다. 나의 소명은 무엇인가? 그것은 바로 복음을 전파하는 것과 민중을 교육하는 것이다. (『윤치호일기』, 1889.12.14)

윤치호는 왜 영어로 일기를 썼던 걸까? 그는 영어로 일기를 쓰는 이유에 대해 다음과 같이 기록했다.

　오늘부터 영어로 일기를 쓰기로 작정하다. 첫째, 우리말로는 지금의 여러 가지 일을 다 세세히 쓰기 어렵고, 둘째, 모든 일을 세세히 쓰기 어려운 까닭에 매일 생략하는 일이 많아 날짜와 날씨만을 기록할 뿐이요, 셋째, 영어로 일기를 쓰면 필묵을 바꾸지 않아도 되고, 넷째, 영어를 배우기가 빠른 까닭에 이리하는 것이다. (윤치호(2001): 31쪽)

　윤치호가 영어로 일기를 쓴 이유는 당시 한국어가 아직 언문일치가 이루어지지 않은 상태여서, 신문명이나 사회의 복잡한 상황을 한국어로 표현하는 것이 매우 어려웠기 때문이다. 한국어로 글을 쓰는 것이 당시의 모든 지식인들에게 어려웠다는 뜻이기도 하다. 그는 영어 일기가 영어 배우기에 도움이 되기 때문이라고도 밝히고 있는데, 외국어 학습에 대한 그의 관심은 남달랐으며, 외국어에 타고난 소질을 가지고 있는 것으로 알려져 있다. 그는 자신이 배운 영어와 프랑스어 능력을 십분 발휘하여, 구한말 조선의 외교에 많은 기여를 하였다. 일기에서는 밝히고 있지 않지만, 그가 영어 일기를 쓴 또 다른 이유는 가족 등 주변 사람들로부터 일기의 은밀함을 유지하기 위해서였을 것으로 짐작한다.(윤치호(2001): 32쪽)

구한말 조선인의 외교력

　서구와의 교류가 없었던 당시, 윤치호는 조선의 외교에 자신의 영어 능력을 십분 발휘하였다. 윤치호는 조선인 최초의 영어통역관이었다. 1883년 5월 한미수호조약이 체결될 때, 초대 주한 미국공사 푸트의 통역관으로 활동했다. 그는 통리교섭통상사무아문의 주사 겸 푸트의 통역관으로 임명되어, 푸트와 고종, 개화파를 연결시키는 교량 역할을 했다. 또한 1896년 러시아 황제 니콜라이 2세의 대관식에 대한제국의 사절단인 민영환의 수행원으로 파견되었으며, 러시아 황제 니콜라이 2세 대관식에 갔다가 귀국하는 길에 파리에 들러서 3개월간 체류하면서 프랑스어도 배워 구사할 정도였다.

윤치호는 1899년 덕원감리사 겸 덕원부윤에 임명되었다. 감리는 외국인의 출입이 많은 항구나 거류지에 새로 설치된 감리서의 최고 책임자로 내치, 외교, 국방과 세관 일까지 겸해 보는 직책이었다. 윤치호가 감리사로 있으면서, 그 당시 횡포가 심했던 외국인들을 제재하고, 조선의 민중들을 보호했던 그의 활동에 대한 이야기들이 있다.

당시 한국에 와 있는 외국인들의 오만과 횡포란 이루 말할 수 없었다. 한국에 주둔 중인 청국과 일본과 러시아 병정들의 행패는 그만두고라도, 심지어 기독교의 선교사나 신부들까지도 치외법권을 빙자하여 한국 정부와 관리를 무시하는 오만무례한 행동이 많았으며, 거기다가 미국인의 광산 브로커와 일본인의 미곡 상인들까지도 덩달아서 갖은 행패를 다 부리니 한국 정부의 체통은 말이 아니었다. (…중략…) 미국인이 군청으로 왔다. 처음 들어올 때는 노기가 등등한 얼굴로, 내가 온 이상에는 군수 따위는 꼼짝 못하게 하고 감금 중인 광부들을 모두 석방시키고야 말겠다는 듯이 뽐내었으나, 엄연히 앉아 있는 좌옹을 보고 준열히 꾸짖는 그의 영어를 한 번 듣자 미국인은 기가 꺾이어, 그 자리에 엎드려 "아이 엠 소리"(미안합니다)와 "예스 서어"(예, 그렇습니다. 영감)를 연발할 수밖에 없었다. (…중략…) 비록 무식한 광산업자였지만, 좌옹의 조리 있는 질책에는 어찌할 도리가 없어서 백배사죄하고 감금중인 광부는 그대로 남겨둔 채 다시는 그런 일이 발생하지 않도록 할 것을 서약한 후 총총히 물러갔다. 이로서 천안의 질서는 완전히 회복되어 부녀자들은 마음을 놓고 거리를 다닐 수가 있었고, 상인들도 두려움이 없이 장사를 할 수 있게 되었다. (윤치호(1998): 71~79쪽)

윤치호는 그의 외국어 능력을 십분 활용하여, 조선에서 횡포를 부리는 외국인들을 견제했다. 또 그의 식견과 외국어 능력으로 외국인들로부터 고통을 당하던 조선인들을 구제했다. 오늘날 우리에게 외국어 능력이 필요한 이유도 국제사회에서 우리의 권리를 지키고 우리의 목소리를 당당하게 전달하기 위해서이다. 그러나 국제사회에서의 자존은 외국어 능력만으로 되는 것이 아니다.

조선 최고의 언어천재였던 윤치호가 일제말기 친일파의 지도자가 되어 내선일체의 선두에 서서 조선과 조선인의 일본화에 앞장서게 된 이유는 그가 사회진화론과 민족 페시미즘이라는 제국주의 이데올로기에 매몰되었기 때문이다. 윤치호의 상반된 행적은 세계화 시대에 우리에게 무엇보다 필요한 것은 외국어 능력과 함께, 우리 자신과 우리가 소속된 사회에 대한 자긍심이라는 것을 알려준다. 그리고 자긍심과 함께 지향하는 바른 목표가 있어야 한다는 것을 시사하고 있다.

구한말 영어 엘리트들의 상반된 길

윤치호와 유길준, 서재필은 조선의 미국 유학 1세대였다. 유길준은 조선 최초의 국비유학생으로 일본과 미국에서 유학했다. 갑신정변의 혐의로 7년의 옥고를 치르는 동안 『서유견문』을 쓰고, 한국어 최초의 문법서인 『대한문전』을 저술하며, 민중의 계몽과 한국어의 확산에 힘쓰다, 1914년 58세의 나이에 생을 마감했다.

갑신정변의 주동자였던 서재필은 역적으로 몰려 가족을 모두 잃고 미국으로 망명한 한국 최초의 미국 이민자가 되었다. 그의 미국 이름은 필립 제이슨(Philip Jaisohn)이었다. 망명 중 다시 돌아와 『독립신문』을 창간하고, 만민공동회를 이끌며 민중을 위해 일했으나, 다시 추방당했다. 한국인 최초로 미국 의대를 졸업한 후 미국 의사가 되었으며, 미국에서 조선의 독립을 위한 활동을 계속했다. 1951년 한국전쟁 소식을 들으며, 87세의 나이로 생을 마감했다.

윤치호는 당대의 언어 천재로, 개화기 자강운동의 주도자였으며, 일제시기 조선 기독교의 원로였다. 그러나 일제 말 친일파의 대부 역할을 했으며, 1945년 81세의 나이에 친일파 매국노로 몰리며 죽음을 맞았다. 창씨 개명한 그의 이름은 이토 지코(伊東致昊)였다. 무엇이 이들의 삶의 방향을 이렇게 다르게 몰고 간 것일까?

윤치호는 언어 천재이고, 이 나라의 가장 선두에선 지식인이었지만, 동시에 가장 심한 제국주의 이데올로기의 신봉자인 동시에 피해자였다. 그는 독립신문의 두 번째 사장으로 일하면서, 사그라져 가는 조선을 세우기 위해 누구 못지않게 활동했던 사람이다. 그러나 그의 비극은 그가 민족 페시미즘을 누구보다 심하게 앓았던 언어 제국주의 이데올로기의 희생자였다는 점에서 출발한다. 윤치호는 1897년부터 독립협회에 참가하여 서재필, 이상재 등과 함께 독립협회 운동을 이끌면서 국민 계몽 활동에 힘을 쏟았으나, 1898년 독립협회가 해산되었다. 그는 독립협회 운동의 좌절이 민중의 어리석음 때문이라고 생각하고, 이후 민족 패배주의적 사고방식에 빠졌다. 또 약육강식이라는 강자 중심의 제국주의적 세계관을 신봉하였으며, 미개한 조선에 대한 열등감과 절망감에서 벗어나지 못했다. 그는 일본 제국주의에 의한 조선의 식민지화를 안타까워하면서도, 부도덕한 민중과 고관들의 탐욕과 무지 때문에 일어난 당연한 징벌로 받아들였다. 이와 같은 민족 패배주의는 결국 그가 친일파로 변절하는 요인이 되었다. 그는 소신 친일파가 되었으며, 1937년 중일 전쟁을 전후로 일제의 '내선일체'를 선전했다. 1941년에는 황국신민으로서 일본에 대한 충성과 협력을 결의하고, 일제의 징병에 협력할 것을 권유했다.

유길준은 윤치호와 비슷한 시기에 미국 유학을 하고, 영어를 배우면서 최첨단의 서양 문물에 눈을 뜬 엘리트였다. 그러나 두 사람은 자신들이 얻은 지식을 실천하는 기본 철학과 방법이 달랐다. 유길준은 미국유학 시절 윤치호와 비슷하게 영어를 배우고, 기독교인이 되었지만, 윤치호와는 달리 서구에 대한 극단적인 패배의식이나 열등감을 갖지 않았고 자신의 정체성을 유지했다. 그는 조선 관료사회의 폐단을 예리하게 비판하면서도, 조선이 적절한 개혁만 단행한다면 백인들의 문명을 따라잡을 수 있다는 낙관적인 견해를 가지고 있었다. 또한 유길준은 자신이 유학시절을 통해 알게 된 지식을 동포들과 공유하려는 노력을 끊임없이 하였다. 그는 조선의 개화와 발전을

영어학자의 눈에 비친 **한국어의 힘**

위해 지식과 정보의 공유가 얼마나 중요한 것인지를 알고 있었다. 더불어 한글과 언문일치가 지식과 정보의 공유를 위해서 얼마나 중요한 것인지도 깨달았다. 그리고 자신이 깨달은 바를 구체적인 활동을 통해 실천으로 옮겼다.

서재필은 행동파 지식인으로 갑신정변의 주동자였다. 미국으로 망명하여 미국 시민으로 생을 마감했지만, 평생 동안 조선의 개화와 독립을 위해 활동했다. 그가 마지막까지 조선을 위해 일할 수 있었던 이유는 조선인의 민족성에 대한 믿음과 자신감 때문이었다. 일본의 조선말살정책이 가장 심하게 실시되던 1939년에도 그는 한민족에 대한 믿음을 언론에 다음과 같이 전했다.

한국 민족은 훌륭한 민족이다. 그들은 영리하고 건강하며 생산적이다. 수세기 동안 시련과 고난에 시달려 왔지만 여전히 고유한 민족문화를 갖고 있으며, 세계 속에서 더 높고 고귀한 지위를 획득하기를 열망하고 있다. 한국 민족에게 필요한 것은 그러한 삶의 조건을 향상시키기 위한 열망을 결집하는 것이며, 정치적·경제적·개인적 자유를 위한 열정을 키우는 것이다. 이러한 변화가 이루어진다면 더 많은 나라들이 한국 민족의 장점을 인식할 수 있게 될 것이다. (『동아일보』, 1939.12.7)

유길준과 서재필, 그리고 윤치호의 상반된 길은 같은 외국어 능력을 가지고 있더라도 그들이 가진 언어 철학에 따라 전혀 다른 행적과 업적을 남기게 된다는 것을 보여준다.

|4| 일본을 모방한 한국의 영어공용화론

단일언어 국가이면서, 영어공용화를 도입하겠다고 스스로 나서는 나라는 전 세계에서 일본과 한국뿐이다. 서구문명을 더 먼저 받아들인 나라는 일본이었고, 발달된 서구 문명 앞에 심한 콤플렉스를 먼저 느낀 것도 일본의 지식인들이었다. 그 콤플렉스가 모어 페시미즘으로 이어져 영어공용화론을 제안한 것도 일본이 먼저였다. 일본은 이미 130년 전에 영어공용화 문제를 놓고 논쟁을 벌이기 시작했다. 그러나 아직까지 논쟁 중일 뿐 실천하지 않고 있다. 일본보다 백 년이 늦으나 열심히 일본을 좇아온 한국이 영어공용화론도 따라하고 있다. 다른 점은 일본이 백 년을 두고도 해결하지 못한 영어공용화를 한국인들은 곧바로 행동으로 옮기고 있다는 것이다. 직설적이고 도전적인 것이 한국인의 매력이자 힘이기도 하다. 그러나 잘못된 방향으로의 질주는 무모함을 넘어 파탄으로 이어질 수 있다는 것을 기억해야 한다.

진화한 일본의 영어공용화 논쟁

모리 아리노리와 바바 타쓰이의 논쟁 이후, 일본에서 영어공용화론이 다시 표면화된 것은 1999년 언론인 후나바시 요이치와 사회언어학자 스즈끼 다카오의 대담 "영어교육이 일본을 구한다"가 『논좌』(1999년 12월호)에 발표되면서였다.

영어공용화를 지지한 후나바시 요이치는 세계화 시대에 대응하기 위해서는 국력의 일환으로 영어 실력이라는 무기가 반드시 필요하다고 주장했다. 그는 국제 사회에서 일본의 발언력을 높이기 위해서

영어학자의 눈에 비친 **한국어**의 힘

는 영어가 세계어인 이상, 일본인들이 영어로 인한 손해를 보지 않도록 어려서부터 영어로 교육하고, 궁극에는 영어를 제2공용어로 지정하자고 주장했다. 일본어를 국어로 굳건히 유지하는 가운데 영어를 제2공용어로 하여, 국민들의 영어 실력을 높이자고 제안했다.

반면에 영어공용화를 반대한 스즈키 다카오 교수는 일본의 세계화를 위하여 일본 전 국민의 영어화를 지향하는 것에 반대했다. 그는 일본이 이미 세계 제2의 경제대국이며, 지금은 일본어를 국제어로 보급해야 할 시기라고 주장했다. 그는 일본의 세계화는 일본인의 영어화가 아니라, 일본어의 국제어화를 통해 이루어질 수 있다고 주장했다. 그는 일본어의 국제화를 위하여 일본어가 유엔의 공용어가 될 수 있도록 노력하여, 국제사회에서 일본어의 위상을 높여야 한다고 역설했다(현재 유엔의 공용어는 영어, 프랑스어, 러시아어, 스페인어, 중국어, 아랍어임). 또한 그는 일본 국민의 영어능력을 높이기 위해서는 원어민 수준의 영어능력을 쌓는 것을 목표로 하지 말고, 세계인과 커뮤니케이션이 가능한 수준의 단순화된 영어를 잘 사용할 수 있도록 교육하는 것으로 충분하다고 주장했다.

후나바시 요이치와 스즈끼 다카오의 대담과 함께, 2000년 1월에 고 오부치 수상의 사적 자문기관인 '21세기 일본의 구상' 간담회가 '영어의 제2공용어화'를 제안하는 최종보고서를 국회에 제출하면서, 일본에서 영어공용화론이 다시 뜨겁게 떠올랐다.

그러나 다시 떠오른 일본의 영어공용화론은 130년 전 모리 아리노리가 "우리들의 열도 밖에서는 사용되는 일이 없는 우리들의 빈곤한 언어는 영어의 지배에 복종할 수밖에 없는 운명이 정해져 있다"고 절망할 때와는 완전히 달랐다. 새로 등장한 영어공용화론에 대하여,

미우라 노부타카(三浦信孝) 교수는 "이것은 모어 페시미즘의 입장에서 일본어를 버리고 영어를 사용하자는 언어 바꾸기(language shift)가 아니라, 국익을 지키기 위하여 지구화를 리드하는 영어를 무기로 장비하자는 적극적인 내셔널리즘의 표현이라고 보아야 한다"(미우라 노부타카: 12쪽)고 해석했다. 즉 현재의 영어공용화론에는 모어 페시미즘의 흔적이 없다는 뜻이다. 세계 2위의 경제대국으로 성장한 일본이 국제 사회에서 경제뿐만 아니라 정치 외교 등의 다른 분야에서도 세계화를 주도하기 위하여, 전 국민의 영어 능력을 높이자는 주장으로 일본인들의 자신감에 기반 한 민족주의의 또 다른 표현이라는 것이다.

일본에서의 영어공용화론은 아직 찬반의 논쟁이 계속되고 있다. 양측이 각기 다른 방향을 지향하고 있으나 두 가지 점에서는 공통적이다. 하나는 일본인들의 스스로에 대한 자신감이다. 영어공용화론의 찬반 양쪽 모두 세계 최상위의 경제력을 가진 스스로에 대해 자부하며, 국제사회에서 자신들의 지위를 좀 더 확실히 인식시키기 위한 방법을 모색한다는 점에서 공통적이다. 자신들이 국제사회에서 제대로 대접받지 못하는 이유가 '언어' 문제에 있다고 생각하는 점도 공통적이다.

한국의 영어공용화론의 등장

한국에서 영어공용화 논쟁의 도화선을 당긴 것은 소설가 복거일의 『국제어 시대의 민족어』(1998)였다. 그는 영어가 실질적인 국제어

영어학자의 눈에 비친 한국어의 힘

이며, 영어에 대한 최소한의 지식 없이는 누구도 편하게 살 수 없고, 영어를 모르면 많은 경우에 실질적 문맹이 될 것이라고 경고하며, 이 문제를 해결하기 위해 영어를 공용어로 채택하고, 후일 영어를 한국인의 모어로 교체해야 한다고 주장했다.(복거일: 137~138쪽)

이어서 1999년 정을병 한국소설가협회 회장이 자유기업센터와 한국소설가협회가 공동으로 주최한 '작가포럼'에서 '한국은 전통적으로 정보 부족, 외교 부재의 나라이며 이는 외국어에 대한 소질이 없는 민족으로서 겪는 고통과 관련이 있다'고 주장했다. 그러면서 그가 '영어를 제2공용어로 하자는 말이 생경하게 들릴 수 있지만, 과거 한글 창제 이후에도 한문을 써왔고, 유럽에서도 영어 사용이 급속히 확산되고 있는 만큼 거부감을 가질 필요는 없다'고 말했을 때, 영어 공용화에 대한 논란이 가열되기 시작했다.

같은 시기 주요 언론들이 일본의 영어공용화론을 대대적으로 보도했고, 영어공용화 논쟁이 가열되었다. 몇몇 언론은 일본이 영어를 제2공용어로 채택하려는 것은 21세기 국가경영 전략상 절대적으로 필요하기 때문이라고 해석하며, "필리핀이나 싱가포르는 일찍이 영어를 실용화했고, 대만, 말레이시아, 태국도 우리보다 공공부문에서의 영어 사용과 회화 실력이 앞선다. 우리는 초등학교 때부터 영어를 가르치지만 대학을 나와도 외국인과 의사소통이 잘 되는 사람이 드물다. 현행 영어교육 방식으로는 백날 하청일 뿐 실효성이 없다. 영어를 제2공용어 또는 실용어로 해야 세계 어디서나 통하는 영어 실력을 배양할 수 있다"(『조선일보』, 2000.1.19)고 주장했다.

그 후 10년 이상 영어공용화 논쟁이 주기적으로 반복되고 있는 가운데, 실질적으로는 LG전자와 삼성전자, SK, 두산 등 대기업이 영어

공용화를 부분적으로 실시하고 있고, 카이스트, 포스텍, 울산과기대 등의 대학가에서는 영어공용화를 실시하고 있다. 이러한 시대적 흐름에 부모들은 조기영어 교육과 조기 유학에 박차를 가하고, 대학생들은 해외어학연수를 필수 코스처럼 생각하게 되었다.

한국과 일본의 영어공용화론의 공통점

영어공용화 논쟁을 두고, 한국과 일본은 닮은 점이 많다. 첫째는 두 나라가 모두 단일민족, 단일언어 국가인 상태에서 이중언어 국가를 지향하며 영어공용화를 제안하고 있다는 점이다. 외국인들의 입장에서 보면 이와 같은 발상 자체가 매우 이해하기 어려운 기이한 현상이다. 모리 아리노리가 영어 채용론을 제안했을 때, 당시 모리 아리노리의 제안을 들은 서양학자들 중에는 "그 대담하기 그지없는 계획을 냉소하는 자(Archibald Hemry Sauce처럼)도 있었고, 또 그 무모한 기도가 국가의 기초를 위협할 것이라고 가르친 사람(휘트니처럼)도 있었으며, 또 대답을 하지 않은 사람도 있었다."(이연숙(2006): 26쪽) 또한 오부치 게이조 일본 총리의 21세기 자문위원회의 영어공용화 제안에 대해 프랭크 칭은 '충격적인 제안'이라고 전하기도 했다.(『파이스턴 이코노믹리뷰』, 2000.2.10)

두 나라의 영어공용화론의 두 번째 공통점은 두 나라 모두 미국이나 영국의 식민지 지배를 받은 경험이 없는 나라이지만, 국민들의 영어에 대한 콤플렉스가 다른 어떤 나라보다 심하다는 점이다. 프랭크 칭은 일본의 지도자들은 영어에 능통하지 못하며, 이것이 다른

영어학자의 눈에 비친 한국어의 힘

외국 지도자들과의 관계에서 핸디캡이라고 말했다.(파이스턴 이코노 믹리뷰, 2000.2.10) 이는 한국인들과 일본인들이 가지고 있는 깊은 영어 콤플렉스가 공교롭게 프랭크 칭의 입을 통해 표현된 것이다. 한국인 과 일본인들은 자신들이 외국인과의 관계에서 매우 소극적이고 폐 쇄적인 이유를 영어 실력이 부족하기 때문이라고 생각한다. 국제 사 회에서 지도자들이 주도적인 역할을 하지 못하는 이유도 영어실력 부족 때문이라고 생각한다. 두 나라 국민들은 영어 콤플렉스 때문에 국제 사회에서 자신들의 문제의 초점을 이해하지 못하고, 문제의 원 인을 영어 탓으로 돌리곤 한다.

두 나라의 세 번째 공통점은 아주 비슷한 시기에 영어공용화론이 격화되었다는 점이다. 일본에서는 후나바시 요이치와 스즈끼 다카 오의 대담 '영어교육이 일본을 구한다'가 『논좌』(1999년 12월호)에 발 표되면서 영어공용화 논쟁이 표면화되었다. 한국에서는 1999년 11 월 자유기업센터와 한국소설가협회가 공동으로 주최한 '작가포럼' 에서 '21세기와 제2공용어'를 주제로 토론했던 내용이 언론에 발표 되면서 영어공용화 논쟁이 본격적으로 시작되었다. 누가 영어공용 화 논쟁을 먼저 시작했느냐 혹은 누가 누구의 주장을 모방했느냐의 여부는 중요하지 않다. 어쨌든 우연이라고 하기에는 너무나 비슷한 시기에 두 나라가 영어공용화라는 화두를 내놓으며, 자국민들의 국 어 문제와 영어 문제에 대해 고민하기 시작했다.

한국과 일본의 영어공용화론의 차이점

한국과 일본의 영어공용화론이 많은 공통점을 가지고 있지만, 그에 못지않게 다른 점도 있다. 첫 번째 차이점은 한국과 일본의 영어공용화의 속도이다. 일본은 한국보다 130년 먼저 영어공용화에 대해 고민하기 시작했으며, 그 후 여러 번 일본 문자의 로마자화와 영어공용화론이 거론되고 있다. 그러나 아직 논쟁 중일 뿐, 실천되고 있지는 않다. 반면에 한국은 영어공용화를 논의하기 시작한지 10년밖에 안 되었는데도 10년 전에 논쟁의 수준이었던 영어공용화가 지금은 이곳저곳에서 실제로 진행되고 있다. 일본은 130년 전에 시작하여 아직도 논쟁 중일뿐인 영어공용화를, 한국에서는 논쟁이 시작된 지 10년 만에 국민의 동의 없이 실시하고 있는 것이다.

한국과 일본의 영어공용화론의 두 번째 차이점은 영어공용화론의 밑바닥에 깔린 철학의 차이이다. 21세기 일본의 영어공용화론은 세계 최강의 경제대국으로 성장한 일본이 일본의 경제력에 대한 자신감을 근거로, 국제 사회에서 자신들의 지위를 좀 더 확실히 다지기 위한 방법 차원에서 영어의 도구화를 제안한 것이었다. 그러나 같은 시기 한국의 영어공용화론은 '한국은 전통적으로 정보 부족, 외교 부재의 나라이며, 외국어에 대한 소질이 없는 민족'이라는 페시미즘에 기반하고 있었다. 또한 한국어의 중요성을 강조하는 것을 폐쇄적 민족주의로 매도하는 자기비하에 기반하고 있었다.

『국제어 시대의 민족어』에서 복거일은 영어공용화에 반대하는 것은 폐쇄적 민족주의라고 비판하며, 다음과 같이 말했다.

영어학자의 눈에 비친 **한국어**의 힘

특히 경계해야 할 것은 민족주의적 시각으로 이 문제를 바라보는 일이다. 민족주의는 본질적으로 개인의 이기주의가 뿌리다. 자연히, 그것은 늘 '나'를 앞세우고 '나'를 되도록 좁게 규정하려는 속성을 지녔다. 그래서 '남들'의 존재를 상정하고 망 경제에 바탕을 둔 언어와는 잘 어울리지 않으며, 언어에 관한 정책에 무척 해로운 영향을 끼친다. 그런 해독은 이미 우리의 한문에 대한 정책에서 잘 드러났다. 우리 선조들이 한문을 자신들이 향유하고 나름으로 다듬어놓은 자신들의 언어로 여겼다는 사실을 잊고서, 한문을 중국인들의 독점적 유산으로 만들어놓은 것은 크게 어리석은 일이었다. 조선의 문화적 유산을 취합한 『동문선』의 서문에서 서거정이 자랑스럽게 말한 "그러므로 우리 동방의 글은 송·원의 글도 아니고 한·당의 글도 아니며 바로 우리나라의 글인 것입니다"라는 진술은 5백 년 뒤 우리에게 무엇을 일깨워주는가? (복거일: 183쪽)

그의 말대로 닫힌 민족주의는 우리가 경계해야 할 적이다. 그러나 한국어의 수호를 폐쇄적 민족주의라고 비난하는 것은 한국어의 민주성을 이해하지 못하는 데에서 나오는 오류이다.

우리가 조선시대의 한문 문화의 한계를 비판하는 것은 조선의 양반들이 향유한 한문 문화가 중국 문화의 아류였기 때문이 아니다. 조선 시대의 한문 문화의 한계는 한문이 양반들만이 독점한 귀족의 언어였다는 점에 있는 것이지, 똑똑했던 한국 양반들의 한문 실력이 낮았거나 그들의 문화생활이 하급이었다는 것은 아니다.

언어가, 그것도 외국어가, 지배계급과 일반 민중을 차별하는 도구로 사용된 조선에 대해 문제가 없었다고 생각하는 사람이라면, 영어 공용화가 문제될 것이 없다. 그러나 21세기 민주화 시대와 정보화 시대에 사는 모든 국민이 가장 쉽고 빠르게, 그리고 정확하게 정보를 주고받을 수 있으며, 가장 평등하게 자신의 권리를 지킬 수 있기를 바란다면 영어공용화는 옳은 방법이 아니다.

한국어 페시미즘으로부터의 탈출

지난 10년 동안 언어 문제와 관련하여 한국에서는 두 종류의 극단주의자가 갈등해 왔다. 한국어의 민주성을 강조하는 한국어 전용론자와 영어의 국제성을 강조하는 영어공용화론자의 갈등이다. 언어 문제가 결코 감정적인 문제가 아님에도 불구하고, 언어 문제가 대두되면 이렇게 감정적으로 흐르게 되는 데는 두 가지 이유가 있다. 하나는 일제 강점기에 겪었던 언어 탄압에 대한 기억 때문이고, 다른 하나는 언어 문제의 핵심이 무엇인지에 대한 이해가 부족하기 때문이다. 우리는 과거 식민지 지배의 경험으로부터 자유로울 수 없으며, 동시에 오늘날 세계화의 환경으로부터도 자유로울 수 없다. 그러나 한국어와 영어라는 언어 문제를 놓고 양분된 극단적인 대립으로부터는 자유로울 수 있으며, 이 잘못된 대립으로부터 반드시 벗어나야 한다.

지난 60년이라는 짧은 기간 동안 한국인들은 과거 이천 년 이상 한반도를 지배했던 제국 언어를 극복하고, 오늘의 정보 민주화를 이루었다. 이는 한글 전용을 실현하고, 한국어를 공식어로 채택하였기 때문에 가능한 일이었다. 우리는 세계 최고의 문자인 한글을 발명한 창의력에 대해 충분히 자부심을 느껴도 좋다. 이천 년의 한자의 위력을 물리치고, 한글전용을 이루어낸 한국인의 진취성과 추진력에 대해 자긍심을 느껴도 될 충분한 자격이 있다. 그리고 민중의 언어를 국어로 채택하여, 그 힘을 기르고 활용해 온 수용성에 대하여 충분히 자랑해도 좋다.

영어공용화 논쟁은 한국인의 영어능력은 높이지 못하고, 영어 헤게모니만 강화시키는 역효과를 낳고 있다. 이제 영어공용화라는 소모적인 논쟁을 끝내고, 한국인의 외국어 능력을 키울 수 있는 생산적인 방법을 모색해야 할 시점이다.

제6장
한국어와 함께 하는 세계화

"

    한 국가의 정보 민주화를 가늠하는 척도는 전 국민이 '자신의 모국어로 중요한 정보를 얼마나 쉽게 얻을 수 있는가'에 있다. 한국의 정보 민주화는 국민 전체가 모어 수준의 영어실력을 배양하여, 세계 정보를 영어로 직접 얻을 수 있는가가 아니라, 모든 국민이 한국어로 중요한 정보를 얼마나 빠르고 얼마나 정확하게 얻을 수 있는가에 달려 있다.

    중국의 지식인들은 중국인들 모두가 영어를 공부하도록 독려하지 않는다. 대신에 그들은 자신들이 가지고 있는 영어 실력을 번역에 이용하여, 중국의 일반 시민들이 중국어로 세계의 소식들을 빠르고 쉽게 얻을 수 있도록 돕고 있다.

    모든 국민이 한자 능력에 상관없이 한글로 중요한 정보를 얻게 된 것이 지난 60년간 한국의 정보 민주화였다면, 이제 모든 국민이 영어 능력에 상관없이 한국어로 세계의 정보를 쉽고 빠르게 얻게 되는 것이 앞으로의 정보 민주화일 것이다.

"

|1| 한국인의 영어 실력

누군가가 나에게 "영어를 잘 하세요?" 하고 물으면, 나는 서슴없이 "아니요" 하고 대답한다. 어떤 한국인에게든 이 질문을 하면, 100명 중 95명은 나처럼 아니라고 대답할 것이다. 그리고 겸손한 마음 때문이 아니라 자신들이 정말로 영어를 못한다고 생각한다. 한국인들 사이에 퍼져있는 영어 미신 중의 하나는 '한국인과 일본인은 세상에서 영어를 가장 못하는 사람'에 속한다고 생각하는 것이다.

한국인의 영어 콤플렉스

한국인들이 영어를 정말 못하는 것일까? 세계 인구는 70억이지만 이 중에서 영어를 모국어로 하는 사람은 4억 명, 영어를 제2언어와 외국어로 하는 사람이 6억, 총 10억 정도다. 다시 말하면, 70억 인구 중에서 5.7%만 영어를 모국어처럼 하고, 8.6%는 우리나라 사람처럼 영어를 조금 할 줄 알고, 나머지 85.7%는 영어를 조금도 하지 못한다. 그런데 우리나라 사람들은 5천만 명 모두가 자신이 영어를 할 줄 알아야하며, 그것도 원어민 수준으로 영어를 할 줄 알아야 한다고 생각한다. 그리고 원어민 수준이 못 되면, 영어를 할 줄 알면서도 자신은 영어를 잘 못한다고 생각한다.

누가 한국의 전 국민에게 모든 사람이 원어민 수준으로 영어를 할 줄 알아야 한다고 세뇌를 시킨 것일까? 영어를 가르치러 한국에 온 외국인 교수들을 면접할 때 하는 질문 중 하나가 '한국어를 할 줄 아

영어학자의 눈에 비친 **한국어의 힘**

는지, 한다면 어느 정도 할 수 있는지'이다. 사람마다 대답은 다르지만, 공통적인 것은 한글을 읽을 줄 알고, 간단한 인사와 숫자 세기, 음식 주문하기와 물건 사기를 위한 최소한의 표현을 알면, 자기들은 한국어를 할 줄 안다고 대답한다. 그리고 실제로 한국어를 할 줄 안다고 생각한다. 고등학교를 졸업한 대부분의 한국인은 그 정도 이상의 영어를 이해하고, 말할 줄 안다. 그런데도 자신이 영어를 할 줄 안다고 생각하는 사람은 거의 없다.

한국의 국민 전체가 영어를 못한다고 생각하는 것은 잘못이다. 2백 년 이상 영국의 식민지였고, 지금까지 영어를 가장 중요한 공용어로 사용하는 인도에서조차 영어를 조금이라도 하는 사람은 10%이고, 영어를 전혀 못하는 사람이 90%로, 인도인 11억 중에서 영어를 전혀 못하는 사람이 10억 명이다. 그렇다고 우리가 인도 사람들은 영어를 못한다고 하지 않는다.

미국 대학보다 더 높은 토플 점수를 요구하는 한국 대학

토플 시험은 외국인이 미국 대학에서 공부할 수 있는 기본적인 영어 능력을 가지고 있는가를 검증하기 위한 시험으로, IBT의 경우 120점 만점이다. 캘리포니아의 버클리 대학은 외국인 학생의 입학조건으로 83점 이상을 요구한다. MIT의 경우는 90점 이상, 존스 홉킨스 대학, 코넬 대학, 브라운 대학은 100점 이상을 요구한다. 미국의 상위 100위 안에 드는 우수대학들이 외국인 학생들의 입학 조건으로 토플 80~100점을 요구한다.

그런데 2009년 성균관대의 글로벌리더 지원 자격은 토플 점수 100점 이상이었다. 2010년 고려대 세계선도인재형 지원 자격은 110점 이상이었다. 아이러니한 것은 우리나라 대학이 미국의 최상위급 대학들보다 훨씬 높은 영어 점수를 요구하고 있다는 점이다. 미국보다 더 높은 점수를 요구하는 한국의 대학들의 토플 점수는 국내에서 열심히 공부한 학생들은 1차를 통과하기 어려운 높은 장벽이다. 그리고 이 장벽은 한국에서 공부한 학생들은 모두 자신의 영어 실력에 상관없이 영어를 못한다고 생각하게 만드는 요인이 된다.

이런 특기자 전형에 지원하는 학생들의 점수는 거의 만점에 가까운데, 이는 미국에서 2년 이상 유학을 한 해외파들이 역으로 한국 대학으로 입학하는 루트로 이용되고 있다. 한국의 대학입시 정책이 결국 미국을 다녀오지 않은 학생들에게 모두 자신이 영어를 못한다고 느끼게 만드는 것이다. 그리고 정작 미국을 다녀온 다음에도 영어가 미국인처럼 술술 되지 않는 한국인들이 또 한 번 자기는 영어를 못한다는 열등감에 시달리게 만든다.

한국인의 토플 점수

한국인들은 영어 콤플렉스에 시달리게 만드는 지수는 토플 점수다. "한국인의 영어 능력은 2004~2005년에 토플 시험을 치렀던 147개국의 나라 사람들 중에서 93위를 차지했다. 2006년 9월에 토플시험에서 문법시험 대신에 말하기 테스트가 도입된 이후에는 111위로 떨어졌다. 특히 말하기 테스트만 놓고 볼 때는 134위로 가장 하위 그

영어학자의 눈에 비친 **한국어의 힘**

룹에 속했다"(『조선일보』, 2008.10.7)에서 보이는 수치는 한국의 대학생들을 소심하게 만드는 숫자이다.

그러나 이 숫자가 곧 한국인의 영어 교육 능력이나 영어 학습 능력에 결정적인 결함이 있다는 것을 뜻하지는 않는다. 토플 시험은 PISA와는 달리 국가 간의 영어실력을 객관적으로 비교할 수 있는 기준이 되지 못하기 때문이다. 앨리나 폰 다비어 ETS 연구소장도 토플 점수는 개인 테스트이며, 토플 점수를 기준으로 국가 간 비교를 해서는 안 된다고 강조했다.(『조선일보』, 2009.5.11)

토플 점수가 국민의 영어능력을 판가름하는 기준이 될 수 없는 이유는 시험에 응시하는 사람들의 배경이 국가마다 전혀 다르기 때문이다. 한국은 2002년 이래 전 세계에서 토플 시험에 가장 많이 응시하는 국가라는 기록을 가지고 있다. ETS에 따르면 2003년 토플 시험에 응시한 한국인은 85,010명으로 전 세계 227개국 가운데 1위였다. 이는 전체 응시자의 16%에 해당하는 숫자였다.(『중앙일보』, 2007.9.15) 2007년에는 11만 5천 명이 응시했으며, 이는 전 세계 토플 응시자의 20%였다.

이렇게 많은 수의 한국인들이 토플에 응시하지만, 여기에는 몇 가지 특이점이 있다. 하나는 토플에 응시하는 학생들의 응시 목적이다. 토플은 외국인들이 미국의 대학이나 대학원에 입학하려고 할 때, 미국에서 대학교육을 받을 만한 영어 능력이 있는가를 증명하기 위한 테스트이다. 따라서 기본적으로는 미국 대학에 입학을 목적으로 하는 학생들이 보는 시험이다. 그러나 우리나라의 경우, 한국 내의 특목고나 외국어 고등학교 등에서 입학 조건으로 토플을 활용하면서, 미국 대학 입학을 준비하는 학생뿐만 아니라, 우리나라 고등학교 입학을 준비하는 중학생들이 이 시험을 보았다. 토플 시험장에 가보면, 초등학생들이 응시하는 경우도 적지 않은 것을 확인할 수 있다. 다른 나라에서는 고등학교 졸업을 앞둔 학생이나 대학원을 준비하는 대학생들이 응시생인 반면에, 한국의 경우에는 응시생의 상당수가 초등학생과 중·고등학교 학생이라는 점에서 큰 차이가 있다. 앨리나 폰 다비어 ETS 연구소장은 한국인 특파원들을 모아놓고 토플에 대해 설명한 자리에서 "작년에 독일어 사용 응사자들의 토플 평균은 97점이었다. 독일의 토플 응시자 중에는 대학생이나 대학원생들의 비중이 높지만, 한국은 중·고교생들이 상대적으로 토플 시험을 많이 본다. 이 역시 독일보다 점수가 낮은 요인이 될 수 있다"(『조선일보』, 2009.5.11)고 설명했다.

또한 한 학생이 중복해서 여러 번 토플 시험을 보는 것도 한국인 응시생의 수를 높이고, 토플 점수의 평균을 낮추는 요인이다. 토플 점수는 여러 번 본 후에 가장 좋은 점수 하나를 제출하면 되는 방식이어서, 교육열이 높은 한국의 부모들은 1회 시험 비용이 20만원(170달러)에 달하는 응시료에도 불구하고, 여러 번 시험을 치르게 한다. 혹시 운이 좋아서 점수가 10점정도 더 나올 수도 있다는 기대가 있기 때문이다. 한국 학생들은 처음에는 점수가 어느 정도 나오나 시험 삼아 보고, 다음에는 가능한 여러 번에 걸쳐서 원하는 점수가 나올 때까지 시험을 친다. 그러니 이런 시험 점수의 평균을 다른 나라 사람들의 영어 능력과 비교하는 것은 위험한 일이다.

그럼에도 불구하고 2010년의 경우 토플을 본 세계인의 전체 평균이 80점이었는데, 한국인 평균은 81점으로, 163개 국가 중 80위에 해당했다. 초등학생부터 중·고등학생까지가 포함되어 있는 한국 학생들의 점수가 미국의 명문대학의 입학기준에 근접하고 있다는 사실은 한국 학생들의 토플 성적이 일반인들에게 알려져 있는 것만큼 그렇게 낮지 않다는 것을 보여준다. 참고로 같은 해에 1위는 네덜란드(100점)였으며, 싱가포르(98점)가 3위, 영국(96점)은 6위, 필리핀(88점)은 35위였다. 홍콩(81점)은 한국과 점수가 같았고, 북한(78점)은 96위, 중국(77점)은 105위, 태국(75점)은 116위, 일본(70점)은 135위로 우리보다 성적이 낮았다.

일본의 성적이 상대적으로 낮은 것에도 주목할 필요가 있다. 일본에서 공부를 가장 잘하는 그룹의 학생들은 동경대에 입학한다. 미국으로 유학을 가는 학생 그룹은 하위 그룹이라는 문화적 차이를 고려한다면, 국가별 토플 성적이나 순위가 함부로 한 나라의 영어 교육의 효과나 그 나라 국민의 영어 실력을 평가하는 기준으로 사용될 수 없음을 보여준다.

한국인들이 영어 회화를 못하는 이유

많은 사람들이 아직도 "우리는 초등학교 때부터 영어를 가르치지만 대학을 나와도 외국인과 의사소통이 되는 사람이 드물다. 현행 영어교육 방식으로는 백날 하청일 뿐 실효성이 없다"(『조선일보』, 2000.1.19)고 말한다.

이것이 한국인들이 스스로에게 가하는 영어 능력 평가이다. 그러나 이 두 가지 평가 모두 틀렸다. 제일 먼저 대학을 나와도 외국인과 의사소통이 되는 사람이 드물다는 것은 사실이 아니다. 과거에 미국인의 영어 소리는 중·고등학교 선생님이 1학기에 한두 번 영어 시간에 들려주는 카세트 테이프의 녹음 소리가 전부였고, 대학에서 처음 들어가 본 영어회화 실습실의 녹음기가 학습도구의 전부였던 기성세대들은 대학을 졸업해도 원어민의 말을 알아듣기도 힘들고, 말하기도 힘들었던 것은 사실이다.

그러나 요즘의 젊은 대학 졸업자들은 그렇지 않다. 요즘 젊은이들은 기성세대들에 비해 훨씬 듣고 말하기를 잘한다. 외국인들과 만나서 대화하는 것 자체에 대해서도 부담감이 훨씬 적다. 한국에서 10여 년 영어를 가르치고 있는 미국인 선생은 한국인들이 많이 바뀌었다고 말한다. 처음 자기가 한국에 왔을 때는 학생들이나 일반 사람들이 자기를 피하고, 영어로 말하는 것을 꺼리고 두려워했는데, 요즘은 반대로 학생들이나 일반인들이 너무 적극적이어서 부담스럽다고 한다. 아무 때고 원어민을 만나면, 영어 말하기 연습용으로 자기를 이용하는 것처럼 느껴질 정도로 학생들이며 일반인들이 적극적이라고 말한다.

영어 회화가 부담스럽고 어색한 것은 다분히 기성세대들에게는 적용되지만, 모든 한국인이 그런 것은 아니다. 또한 기성세대들의 경우에도 의사소통 능력을 말하기에만 국한할 때 능력이 부족한 것이지, '읽기'를 통한 의사소통 능력을 고려한다면 역시 한국인들의 의사소통 능력이 떨어지는 것은 아니다. 기성세대는 말하기에는 약하지만, 읽기에는 강하다. 의사소통 능력을 말하기에만 국한하던 시대는 지났다. 인터넷의 확산과 함께 말하고 듣기 이상으로 읽고 쓰기가 중요한 의사소통 방법이 되었다. 읽기 능력을 이용해서 인터넷으로 필요한 정보를 찾을 줄 아는 사람들에게 영어 의사소통 능력이

영어학자의 눈에 비친 한국어의 힘

부족하다고 평가하는 것은 지나친 겸손이다.

현행 영어교육 방식에 대해 아무런 효과가 없다고 비판하는 것도 틀렸다. 미국에서 대학을 다니는 조기 미국유학생들 중에 대학원을 가려는 학생들은 미국 대학원 입학시험인 GRE를 공부하기 위하여, 방학이 되면 한국으로 들어와 서울에 있는 영어 학원을 다니는 경우가 종종 있다. 토플이나 토익 시험을 준비할 때도 미국보다 한국 영어학원에서 배우는 것이 점수가 더 잘 나온다는 것은 다 알려진 사실이다. 대학이나 기업에서 요구하는 영어 능력이 무엇이든 한국의 교육기관과 한국의 부모들은 다 맞출 수 있다. 영어회화 능력이 대학입시와 취업시험에서 잣대가 되면, 한국인의 영어회화 능력은 늘어날 것이다.

한국인들이 영어를 잘하고 싶은 이유는 '영어를 잘하고 싶어서'가 아니다. '좋은 대학에 가고 싶고', '좋은 직장에 취직하고 싶고', '직장에서 빨리 승진하고 싶어서'이다. 한국인들이 10년 공부해도 영어 회화를 못하는 것은 당연하다. 영어를 배우는 목적이 영어 회화를 위한 것이 아니라 입학시험과 취업 시험을 보기 위한 것이기 때문이다. 지금까지 부모가 아이에게 영어를 교육시키고, 대학생들이 영어를 공부하는 이유는 영어 회화를 잘하기 위해서가 아니라, 영어 점수를 잘 받기 위해서였다. 그리고 그런 목적에 부합하기 위한 영어학습이 진행되고, 좋은 점수를 받고 있다. 우리의 영어 교육에 문제가 있다면, 영어 교육 시간이 모자라거나 영어 교육 방법이 틀렸기 때문이 아니라 영어 교육의 목표가 잘못되었기 때문이다.

그렇다고 우리의 영어교육이 영어 회화능력을 목표로 해야 한다는 뜻은 아니다. 커민스(J. Cummins) 교수가 구분했던 것처럼, 영어 능력에는 두 가지 종류가 있다. 하나는 '기초 회화능력'으로 일상 생활에서 개인적인 의사소통을 하는 능력이다. 다른 하나는 '아카데믹 영어능력'으로 인문학이나 과학 등을 학습하기 위해 필요한 영어능력이다. 지금까지 우리나라에서 대학 입시와 취업을 위한 영어는 기초 회화보다 아카데믹 영어에 중점을 두고 있다. 이런 목표는 옳기도 하고 틀리기도 하다. 왜냐하면 앞으로 계속 고등교육을 받고, 지식산업 분야에서 일을 할 학생들을 위해서는 옳은 목표이지만, 그렇지 않고 기본적인 영어 회화능력으로 충분한 직업을 가지게 될 학생들을 위해서는 잘못된 목표이기 때문이다. 우리의 영어교육이 가지고 있는 딜레마는 우리나라 고등교육이 가지고 있는 딜레마와 동일하다. 현재 우리나라의 고등학교 교육은 학생들의 능력이나 적성에 상관없이 모두 서울대를 목표로 공부하도록 되어 있다. 이와 평행하게 영어교육도 서울대에 입학할 사람들이 배워야 할 내용 중심으로 전국의 모든 학생들을 가르치고 있다.

그 많은 시간을 들이고도, 한국인이 영어회화를 못하는 이유는 두 가지이다. 하나는 실제로 그 많은 시간을 영어회화에 투자하도록 교육하는 것이 아니기 때문이다. 다른 하나는 영어회화란 영어단어나 영어문법 실력뿐만 아니라, 남들과 대화하는 능력을 필요로 하는 것인데, 우리 학생들에게 영어 공부만 시키고, 다양한 주제에 관심을 가지고 남들과 대화하는 교육을 시키지 않기 때문이다.

지식인 그룹의 영어 능력

우리나라 국민들의 영어 실력은 절대로 낮지 않다. 다만 외교관, 정치가, 경영인, 대학교수, 영어 교사 등 우리나라 지식인 그룹의 사람들의 영어 실력이 국제 사회에서 경쟁하기에 부족한 것은 사실이다. 그리고 이는 반드시 해결해야 하는 문제이기도 하다. 그러나 지식인 그룹의 영어 문제는 지식인 그룹을 대상으로 해결해야 할 문제이지, 전 국민을 대상으로 영어를 모국어화 할 문제가 아니다. 자신의 업무상 고급 영어 능력이 필요한 사람들은 무슨 방법을 써서든 영어 실력을 높여야 한다. 그러나 자신들이 영어를 못하는 이유를 단지 자신이 받은 영어 교육의 탓이라고 미루며, 이 문제를 전 국민을 대상으로 한 영어 교육으로 확대시키는 것은 문제를 풀어야 할 주체를 잘못 잡은 것이다.

현재 모든 국민이 영어를 모국어 수준으로 해야 한다는 강박관념에 시달리고 있다. 그러나 미국 사람처럼 영어를 잘하지 않는 한 영어를 못하는 것이라고 생각하는 것은 우리를 점점 더 깊은 영어 콤플렉스에 빠져들게 만들고, 영어 능력을 향상시키는 데 방해의 요인이 될 뿐이다.

영어 콤플렉스와 함께 한국인을 괴롭히는 또 하나의 콤플렉스는 노벨상 콤플렉스이다. 두 콤플렉스가 만나면, 한국인이 노벨상을 타지 못하는 이유가 또 다시 영어 실력의 탓으로 이어진다. 노벨 문학상을 받지 못하는 이유가 좋은 한국의 작품들을 영어로 번역하는 실력이 낮기 때문이라는 논리도 있고, 한국 작가가 영어로 직접 작품을 써서 노벨상을 노릴 정도가 되기 위해서 영어공용화가 실시되어야 한다는 논리도 있다. 그러나 한국인들이 노벨상을 받지 못하는 이유가 한국인들의 부족한 영어 실력 탓일까?

일본의 노벨상은 토종 과학자들의 쾌거

2008년 일본의 과학자 4명이 한꺼번에 노벨 수상자로 결정되었을 때 일본 열도의 축하 열기 못지않게 한국에서는 자성의 목소리가 높았다. 일본은 지금까지 총 16명의 노벨 수상자를 배출했으며, 과학 분야의 수상자가 13명이었다. 과학 분야 수상자들의 가장 큰 특징은 대부분이 일본 토종 과학자들이라는 점이다. 2000년 이후의 노벨 수상자 중에서 2명이 미국시민권을 가지고 있지만, 이들 조차도 박사 학위는 일본에서 취득한 후 미국으로 간 일본 토종박사들이라는 점을 감안한다면, 일본의 노벨상은 모두 토종 과학자들의 업적이라고 볼 수 있다. 일본은 노벨상의 숫자 이상으로, 이들의 업적이 토종박사들을 중심으로 한 일본 자체의 실력으로 이루어낸 쾌거라는 사실에 자부한다. 일본의 노벨상 뒤에는 영어 실력이 있었던 것이 아니라, 1868년 명치유신을 시작으로, 과학기술의 발전을 위한 일본 정부의 끊임없는 노력과 투자가 있었다. 제2차 세계대전 이후 지금까지 일본 정부는 기초과학 육성을 위한 막대한 지원을 아끼지 않고 있다.

일본 토종 과학자들의 쾌거는 노벨상이 영어실력의 문제가 아니라는 것을 단적으로 보여주는 증거이다. 2008년에 노벨 물리학상을 받은 마스카와 도시히데는 과학의 수재였으나 영어 성적은 중간 이하였으며, 대학원 입학시험에서 외국어 시험을 면제받고 특례 입학을 한 것으로 유명하다. 노벨상을 받게 된 논문도 자신은 일본어로 쓰고, 동료 교수였던 고바야시 교수가 영어로 번역해서 실었다. 그는 지금도 영어가 서툴다. 마스카와 도시히데가 오늘의 한국처럼 다른 모든 것 이전에 영어 실력이 1차 선발 조건인 학풍에 있었다면, 그는 자신의 연구에 집중할 수도, 노벨상을 얻어내는 연구 결과를 낼 수는 없었을 것이다. 아니, 그런 기회조차 가지지 못했을 것이다.

일본에서 13개의 노벨상이 토종 과학자들의 연구결과라는 사실과 서울대 교수의 미국 박사학위 비율이 53% 이상인 것에 비해 동경대 교수의 미국 박사학위 비율은 3% 이하라는 사실은 우리가 반드시 다시 한 번 생각해 보아야 할 중요한 데이터이다. 일본은 한편에서 영어공용화를 주장하지만, 다른 한편에서는 미국의 교육이나 영어에 의존하지 않고, 자신들의 교육 기반을 유지하면서, 과학기술을 발전시키고 있다. 반면에 우리는 우리의 기본 실력이 부족하다는 것을 인정하지 않고, 단지 영어실력이 없어서라는 핑계만을 들고 있다. 그러나 국제적인 수준을 기준으로 할 때, 우리에게 부족한 것은 영어실력 이전에 전문분야의 기초 실력과 고급 한국어 능력이다.

일본의 노벨상은 우리에게 많은 것을 시사해준다. 이들이 주는 가장 큰 교훈은 토종 과학자들의 승리가 일본 국민과 특히 자라나는 일본 젊은이들에게 자긍심과 자신감을 심어준다는 점이다. 노벨 과학상의 90% 이상을 서구의 선진국이 독점하고 있는 상황에서 일본의 토종 과학자들이 노벨상을 지속적으로 획득하고 있다는 사실은 일본의 젊은이들에게 자신의 모국어로도 세상의 최고가 될 수 있다는 것을 보여주는 롤 모델을 제시하고 있다. 노벨상은 영어의 문제가 아니라 실력의 문제이다.

노벨 문학상과 영어 번역

노벨 문학상에 연연해하는 한국 사람들은 우리가 노벨 문학상을 못 받는 것이 영어 번역 능력이 부족하기 때문이라고 생각하며, 또 다시 영어 탓으로 핑계를 돌린다. 과연 우리나라 작품이 아직 노벨상을 못 받은 것이 단지 영어번역이 조잡했기 때문일까?

2011년 4월에 신경숙의 『엄마를 부탁해(*Please Look After Mom*)』 영문판이 미국에서 출판되면서, 미국과 영국의 서점가에서는 선풍적인 관심을 일으켰다. 이 소식을 전하면서, 이 작품이 미국 서점가에서 성공한 이유는 다른 어떤 작품보다 영어 번역이 매끄럽게 잘 되었기 때문이라고 설명하는 것을 방송에서 들었다. 이는 우리 작품이 노벨상을 받지 못한 이유가 우리나라 작가들이 영어로 글을 쓰는 능력이 부족하기 때문이라고 생각하는 것과 비슷한 오류를 범하는 해석이다.

영어학자의 눈에 비친 한국어의 힘

『엄마를 부탁해』가 서구의 독자들을 감동시키는 이유는 영어 문제이기 이전에 그 작품의 우수성에 있다. 이 작품은 2011년 6월에 미국 최대 인터넷서점인 아마존닷컴이 편집자에게 의뢰해 뽑은 '편집자가 뽑은 베스트 10' 중에서 10위에, 편집자가 선정한 픽션 부문에서는 4위에 오르며, 그 작품성을 인정받았다. 이는 이 작품의 우수성이 단지 말솜씨나 영어 번역의 문제가 아니라, 한국인 독자와 서구 독자들의 마음을 움직일 만큼 보편성을 가진 주제를 가장 한국적인 정서로 풀어내는 신선함에 있다는 것을 보여주는 좋은 예이다.

서구 사회에서 가장 위대한 문학 작품으로 손꼽히고 있는 단테(1265~1321)의 『신곡』이 더욱 빛을 발하는 이유는 단테가 그 당시 상류층의 언어인 라틴어가 아닌, 이탈리아어(토스카나 방언)로 글을 썼기 때문이다. 13세기 당시 서구의 정치와 학문을 위한 상위어는 라틴어였다. 영어, 이탈리아어, 독일어 등의 각 나라 민중의 모어는 방언일 뿐이었다. 그런 때에 단테가 라틴어가 아닌 토스카나 방언으로 책을 썼다. 당시 세력을 잡고 있던 메디치가가 교황파였던 것에 반해 단테는 황제파 정치인이었다. 단테는 다수의 소국가로 분할되어 있던 이탈리아 반도를 통일해야 한다고 생각했지만, 결국 수많은 좌절 끝에 사형 선고를 받고 유배를 당하여 타지에서 『신곡』을 쓰게 되었다. 단테가 이탈리아어로 작품을 쓴 이유는 민중을 포함한 모든 사람들이 쉽게 이해하고, 받아들일 수 있는 글을 쓰려는 배려 때문이었다. 그리고 단테의 이와 같은 도전은 결국 오늘날의 이탈리아어의 생성과 발전에 큰 영향을 미쳤다.

영국의 셰익스피어(1564~1616)가 세계적인 작가로 계속 남을 수 있었던 이유도 그의 작품성 때문만은 아니다. 셰익스피어가 지금까지 세계 최고로 남을 수 있었던 이유는 영국인들의 셰익스피어에 대한 사랑과 자부심의 깊이 때문이다. 인도와도 바꾸지 않겠다고 공언할 만큼 영국인들은 그의 작품을 지속적으로 사랑하고 자부했다. 셰익스피어가 작품을 쓸 당시, 영어는 유럽 대륙에서 일 개의 방언일 뿐이었으며, 그 당시로부터 20세기 초까지도 유럽의 세계어는 라틴어와 프랑스어였다.

셰익스피어는 문법학교에서 문법, 논리학, 수사학, 문학 등을 배웠고, 그리스어도 배웠지만, 그리 뛰어나지 못했으며, 대학에서 교육받은 적이 없었다. 당시에는 옥스퍼드나 케임브리지 등 명문대학에서 교육을 받은 학식 있는 작가들이 많이 활동하고 있었는데, 이들은 셰익스피어에 대해 '라틴어는 조금밖에 모르고 그리스어는 더욱 모르는 촌놈이 극장가를 뒤흔든다'고 비꼬았다.

그러나 영국인들은 셰익스피어의 작품을 프랑스어로 적절히 번역할 수 없다는 것에 슬퍼하거나 애타하지 않았다. 그들은 민중들이 가장 깊이 이해할 수 있는 민중의 언어로 인간의 내면을 가장 적나라하게 드러내되, 쉽고 위트 있는 언어로 엮어간 셰익스피어를 사랑하고 자랑했다. 만약 셰익스피어가 라틴어나 프랑스어로 그의 작품을 썼다면, 오늘날까지 영국인들의 사랑을 받을 수 있었을까? 그리고 영어가 오늘날의 세계어로 자리할 수 있었을까? 만약 영국인들이 그 당시 세계어인 프랑스어를 중요시 여겨 프랑스어를 영어보다 우대했다면, 오늘의 세계어는 아직도 프랑스어였을 것이다.

영국에 셰익스피어가 있다면, 스페인에는 세르반테스(1547~1616)가 있다. 세르반테스는 셰익스피어와 같은 시대의 사람으로, 당시의 스페인의 상류어는 라틴어와 프랑스어였다. 그러나 세르반테스는

영어학자의 눈에 비친 한국어의 힘

『라만차의 돈키호테』를 스페인어로 써서, 당대의 민중들 사이에서 획기적인 베스트셀러가 되었다. 그리고 스페인이 확장해가던 식민지에서 스페인어의 위치를 확고히 잡게 했다. 스페인 사람들이 세르반테스와 『라만차의 돈키호테』에 대해 느끼는 자부심과 긍지는 지금까지 다른 어떤 것과도 바꿀 수 없는 귀한 정신적인 유산이다.

단테에서부터 세르반테스와 셰익스피어에 이르기까지 세계 최고의 작품으로 꼽히는 중요한 문학 작품들은 그 당시의 세계어나 상류어가 아니라, 민중의 모어로 쓰여진 작품들이었다. 그리고 이 작품들이 수백 년 동안 계속해서 세계 최고의 자리를 유지하는 이유는 그 나라의 국민들이 이 작품들을 다른 어떤 것보다 사랑하고 자부하며, 그 작품으로부터 모어에 대한 자긍심을 느끼기 때문이다. 그리고 이런 사랑과 자긍심이 가능한 이유는 민중들이 이해할 수 있는 쉬운 모어로 작품을 썼기 때문이다. 아무리 우수한 작품이더라도 민중들이 이해하기 어려운 라틴어나 프랑스어로 작성되었다면, 민중의 사랑을 받을 수 없었다.

노벨상을 받거나 국제 사회에서 세계인의 공통적인 관심을 받는 작품의 첫 번째 조건은 그 작품이 얼마나 영어로 잘 표현되었는가가 아니라, 그 작품이 담고 있는 메시지가 어떠한 보편성을 가지고 있는가이다. 메시지의 보편성이란 그 작품의 내용으로부터 얼마나 많은 사람들이 깊은 감동과 정신적인 성장을 느낄 수 있는가이다.

우리 문학 작품이 노벨상의 대열에 오르기 위해서는 무엇보다 먼저 그 작품이 우리 국민들을 깊이 감동시키고 움직이게 만드는 힘을 지녀야 한다. 또한 국민들이 그 작품을 다른 어떤 것과도 바꾸지 않을 만큼 사랑하고, 자부할 수 있어야 한다. 우리 국민들조차 우리 작품을 읽고 감동하지 않으면서, 우리 작품이 세상에 우뚝 서서 노벨상을 타오기를 바라는 것은 과욕이다. 작가가 훌륭한 작품을 창작하는 것이 첫째이고, 우리 국민들이 그 작품을 이해하고 사랑하고, 자부하는 것이 그 다음이다. 그리고 번역을 통해 외국인을 감동시킨다면 노벨상을 받는 것은 그리 먼 얘기가 아닐 것이다.

3 영어 실력을 뛰어넘는 글로벌 마인드

우리나라가 지금 단계에서 한 단계 더 도약하기를 원한다면, 우리에게 필요한 것은 영어 실력 이전에 세상을 향해 열린 글로벌 마인드이다. 세상 밖에 존재하는 여러 나라의 문화에 대한 이해와 세계의 다양성에 대한 호기심이 바로 그것이다. 그리고 다양한 활동을 통해 여러 나라 사람들과 유대관계를 형성하는 경험 또한 필요하다. 중·고등학교 내내 시험 점수에만 매여 공부 이외의 다른 것에는 관심을 가지고 대화를 나눌 기회가 없었던 학생들이 외국인들과 다양한 주제로 대화를 하는 것이 어려운 것은 당연하다. 자신의 모국어로 친구와도 해 보지 않은 대화를 영어로 외국인과 잘할 수는 없다.

한국 학생들에 대한 미국 교수들의 평가

미국 메릴랜드 대학 물리학과의 김영서 교수는 국제 사회에서 한국 과학자들이 서로 긴밀하게 정보를 교환하고 협력하기를 누구보다 바라는 사람이다. 그는 이미 20년 전부터 자신의 웹 페이지에 쉬운 영어로 한국 유학생과 재미 과학자들에게 유용한 정보들을 올리고 있다.

그는 미국 교수들이 미국으로 유학 온 한국의 대학원 학생들에 대해 다음과 같이 평가했다고 알려주었다.(Kim, 1992.11.15)

학점: A(+)
성실성: A(+)
박사학위 논문 연구: A
협동성: A
박사 후 연구: A
타인과의 의사소통 능력: C
학생 활동 참여도: C
크리스마스 파티 참여도: F

미국 교수들은 한국 학생들이 학점과 성실성에서 가장 뛰어나다고 평가한다. 연구나 논문을 쓰는 능력도 훌륭하다. 그러나 타인과의 의사소통 능력은 중간 이하이며, 학생 활동에도 잘 참여하지 않는다고 평가한다. 그리고 모든 사람이 모여 사교를 하는 파티 적응도에는 낙제점을 주었다.

20년 전 미국인 교수들의 평가이지만, 지금 현재에도 우리가 수긍할 수 있는 우리 교육의 정확한 현주소이다. 학점 관리를 가장 먼저 확실히 하고, 성실하고, 연구도 잘 하는 부지런한 학생을 키우지만, 공부와 연구를 넘어선 사회활동이나 문화교류에 유연하지 못한 부적응자를 길러내는 것이 우리 교육의 현실이다.

김영서 교수는 우리나라 학생들이 크리스마스 파티에 불참하는 것이 결국 한국 학생들이 미국 사회에서 직업을 구하는 문제에서부터 한국 과학자들이 국제사회에서 활동하는 것까지를 방해하는 요인이라고 우려했다. 크리스마스 파티는 여러 나라 사람이 모여 생활하는 대학 캠퍼스에서 잘 모르는 사람들을 만나 단순히 밥 한 끼 같이 먹어야 하는 불편하고 어색한 자리가 아니다. 그 시간은 실험실에서 벗어나 자신들이 하나씩 들고 온 음식을 통해 서로의 문화와 개성을 이해함으로써 다양한 인맥을 넓힐 수 있는 절호의 기회이다. 그런데 우리 학생들은 그 기회가 얼마나 중요한 것인지, 어떻게 활용할 수 있는지를 배우지 못했다. 김영서 교수의 우려는 20년 후 한국 학생들의 미국 대학 중퇴율로 나타났다.

한국 학생들의 미국 명문대학 중퇴율

한국은 미국에 가장 많은 유학생들을 보내는 나라이다. 미국 정부 통계에 의하면, 2007년에 미국에서 유학하고 있는 한국 학생들이 10만 3천 명이었다. 이는 외국 유학생 중 가장 많은 수였다. 대학 이상의 고등교육 기관에 재학하는 학생은 62,392명이었는데, 이는 미국에 재학하는 외국인 유학생의 10.7%에 해당하는 숫자로, 인도와 중국에 이어 3위를 기록했다. 두 나라의 인구가 한국의 20배 이상 많은 것을 감안하면, 한국은 인구 대비 가장 많은 학생을 미국 대학에 유학을 보내는 나라라는 뜻이다.

미국의 교육 관계자들이 한국 유학생에 대해 놀라는 이유는 유학생의 숫자 외에 두 가지가 더 있다. 하나는 한국 학생들이 아이비리그와 같은 미국 명문대에 입학하는 입학률이다. 하버드 대학의 입학처장인 윌리엄 핏시몬즈(William R. Fitzsimmons)에 따르면, 2003년에 하버드 대학에 지원한 한국 학생 수가 66명이었는데, 2007년에는 213명으로 3배 이상 증가했다. 2007년을 기준으로 하버드 대학에 37명의 한국인 유학생이 재학 중이었는데, 이는 캐나다와 영국에 이어 세 번째로 많은 숫자였다.(New York Times, Asia Pacific, 2008.4.27) 이런 기록을 놓고 뉴욕 타임즈의 아시아 판에서는 대원 외고와 민족사관학교 학생들의 일과를 기사화하며, 한국 학생들의 학습 방법과 생활 방식에 대해 긍정적인 측면과 부정적인 측면을 보도하기도 했다.

미국의 교육 관계자들이 한국 학생에 대해 놀라는 또 하나의 현상은 미국 명문 대학에 재학하는 한국 학생들의 중도 탈락률이다. 콜롬비아 대학의 김 사무엘(Samuel Kim)의 박사학위 논문에 따르면, 미국 명문대의 한국 학생 중퇴율은 44%에 달했다.[25] 다른 말로 하면, 한국 학생들은 미국 명문대에 입학한 후 2명 중 1명이 졸업을 하지 못한다는 뜻이다. 이는 미국 학생의 34%, 중국 학생의 25%, 인도 학생의 21%, 유태인 12.5%에 비해 매우 높은 비율이었다. 이 논문은 1985년에서 2007년까지 14개의 명문대(하버드, 예일, 콜롬비아, 스탠포드, UC 버클리, UC 데이비스, 암허스트 칼리지, 듀크, 조지타운, 브라운, 다트마우스, 펜실베니아, 프린스턴 대학)에 재학했던 1천 4백 명의 한인 학생들을 연구한 결과를 바탕으로 한 결과이다.

김 사무엘은 명문 대학에 입학한 한국 학생들이 중도에 탈락하는 이유 중 하나는 한국 부모들이 아이들에게 공부에만 집중하도록 유도하고, 수업 외의 특별 활동을 장려하지 않기 때문이라고 지적했다. 한국 학생들이 미국 사회에 적응하고, 미국에서 직장을 구하기 위해서는 수업 외 활동이 필수적인데, 한국 학생들은 이 부분에 매우 취약하기 때문에 문제가 발생한다는 것이다. 또한 한국 학생들은 자신의 시간 중 75%를 공부하는 데 활용하고, 사회봉사 활동이나 취미 활동 등에는 25%를 할애했다. 반면에 미국 학생들과 다른 외국

---

25 Kim, Samuel, "First and Second Generation Conflict in Education of the Asian American Community", PhD dissertation, Columbia University, 2008.

영어학자의 눈에 비친 **한국어**의 힘

학생들은 전체 시간 중 50% 정도를 수업 외 활동을 하며 보냈다.

그는 한국 학생들이 수업 외 활동을 통해 미국 학생들과 외국 학생들 그리고 미국 사회와 유대 관계를 맺지 못하는 것이 결국 한국인들이 미국의 주류 사회로 진입하는 것을 막는 장애물이 된다고 분석했다. 미국 포춘(Fortune)지에 따르면, 세계 최상위 5백 개의 대기업 고위·관리직에 근무하는 한국인은 0.3%에 불과했다. 인도인이 10%, 중국인이 5%를 차지하는 것에 비하면 이 숫자는 턱없이 낮은 숫자이다.(『코리아타임즈』, 2008.10.3)

김 사무엘의 박사 논문 결과는 김영서 교수가 20년 전에 지적했던 크리스마스 파티 참여도 낙제점과 똑같은 맥락의 메시지를 전해준다. 한국 학생들이 아무리 열심히 공부하고, 박사학위를 받은 사람의 수가 많다고 하더라도 세계 여러 나라 사람들과 만나서 대화하는 기술을 배우지 않는 한, 국제 사회에서 한국인들이 능력을 인정받기는 어렵다. 한국 학생들이 외국인들과 대화하기 어려워하는 이유가 영어 실력이 부족해서라고 말하지 말라. 강의를 영어로 듣고, 연구를 영어로 할 수 있을 정도면 영어를 못하는 것이 아니다. 사람들과 대화를 나누는 열린 마음이 부족한 스스로에 대한 변명거리로 영어 실력을 핑계 삼는 것일 뿐이다. 혹은 자신이 미국인 수준으로 영어를 해야만 한다는 잘못된 강박관념에 묶여 자신을 부자연스럽게 만드는 것이다.

한국인의 세계화는 모든 공과 모든 탓을 영어로 돌리는 영어 편집증에서 벗어날 때 비로소 가능하다. 영어만 잘하면 국제화가 저절로 되고, 경제에도 도움이 된다는 식의 잘못된 영어관은 한국의 국제화를 도와주는 것이 아니라, 한국의 국제화를 방해하는 걸림돌이다.

미국에 편중한 미국화가 아니라 전 세계의 다양한 삶의 모습과 세상의 흐름을 이해하기 위한 국제적인 감각을 키워야 한다. 이 세상에는 2백여 개 이상의 나라가 있고, 6천 개 이상의 언어가 있으며, 백인종, 황인종, 흑인종, 아메리카 인디언종, 말레이 종족 등 5개의 인종이 있으며, 6천 개 이상의 종족이 있다. 전 세계 인구는 70억에 가깝다. 70억 인구의 삶의 모습과 2백여 나라의 국제 정세와 20개 이상의 주요 언어로 교환되는 국제 경제활동의 흐름을 이해하고 활용해야 한다. 이를 위해서는 다양한 국제 사회를 열린 마음으로 만날 수 있는 글로벌 마인드가 필요하다. 우리가 진정 국제화를 지향한다면, 이제 미국과 영어에서 벗어나 2백여 개의 다른 나라와 6천여 개의 다양한 언어와 문화를 이해하고 이들과 다양한 관계를 맺을 필요가 있다.

미국 교수들이 한국 학생들을 평가하다

Y.S.Kim (1992.11.15)

미국 교수들은 한국에서 물리학과로 유학 온 대학원 학생들을 다음과 같이 평가했다.

학점: A(+)

성실성: A(+)

박사학위 논문 연구: A

협동성: A

박사 후 연구: A

타인과의 의사소통 능력: C

학생 활동 참여도: C

크리스마스 파티 참여도: F

크리스마스 파티의 F 학점에 대해 이야기해보자. 미국 전역의 모든 기관에서는 12월 중에 크리스마스 파티를 연다. 그리고 여러분의 과에서도 파티를 할 것이다. 이것은 국제적인 행사이기도 하다. 왜냐하면 많은 외국인 학생들이 참여하기 때문이다. 그러나 한국 학생들은 이 중요한 모임에 한 번도 나타나는 법이 없다. 이 파티가 우리와 무슨 상관이 있단 말인가?

이 F학점이 우리에게 매우 불리하게 작용한다. 세상에는 미국에서 박사학위를 받은 외국인이 매우 많다. 인도는 한국보다 더 많은 미국 박사를 배출했다. 그러나 한국은 유럽 전체 국가보다 더 많은 미국 박사를 배출했으며, 중국과 일본을 합한 것보다 많은 미국 박사를 배출했다. 그러나 한국은 물리학 분야에서 국제학회를 개최하는 경우가 거의 없다. 그 이유는 매우 간단하다. 한국 학생들은 미국에 있는 동안에 여러 나라 사람들과 만나는 기술을 익히지 않는다.

더 나아가 미국 물리학자들은 한국에서 과학 관련 모임을 개최하는 것에 대해 매우 부정적으로 생각한다. 이유는 단지 그들이 매년 있는 크리스마스 파티에서 한국인을 한 번도 보지 못하기 때문이다. 우리는 이 문제를 아주 쉽게 해결할 수 있다. 그냥 파티에 가기만 하면 된다. 한국 음식 하나만 들고 참석하라. 미국인들은 한국 음식을 좋아한다. 한국인들은 파티를 흥겹게 할 수 있다. 매 년 열리는 크리스마스 파티는 중요한 국제 모임을 개최하기 위한 물고를 틀 수 있는 훌륭한 기회이다.

4 모국어로 공유하는 세계 정보, 글로벌 보이스

2000년대 초까지만 해도 인터넷을 통해 세계가 하나로 연결되고, 영어가 세상을 정복할 것이라고 생각했다. 그리고 인터넷 세상에서 살아남기 위해서는 모든 사람들이 영어로 된 정보를 검색할 수 있는 능력을 길러야 할 것이라고 예측했었다. 그러나 10년이 지난 지금은 아무도 영어가 인터넷을 장악했다고 말하지 않는다. 인터넷이 영어 획일화를 가져올 것이라고 생각했던 예상을 뒤엎고, 거꾸로 세계인들이 자신의 모국어로 인터넷을 통해 그 어느 때보다 정보 교환을 활발하게 하고 있다. 2010년에 인터넷을 가장 많이 이용하는 10개국의 사람들이 온라인에서 뉴스를 보는 경향을 조사한 결과, 95퍼센트 이상이 자신의 모국어로 제공되는 뉴스 사이트에서 뉴스를 보고 있었다.(쥬커맨, 2010)

인터넷 시대의 글로벌 보이스

오늘날 전 세계는 인터넷으로 연결되어 있다. 우리가 원하면 클릭 한 번으로 인터넷에 있는 정보를 얻을 수 있다. 누군가와 교류하고 싶으면, 역시 클릭 한번으로 인터넷이 닿는 곳에 있는 어떤 사람과도 대화가 가능하다. 그러나 세계화를 위한 인프라가 구축되어 있지만, 실제로 사람들은 인터넷 상에서 자기 나라 사람들끼리 인터넷 게임을 하고, 온라인 쇼핑을 하고, 연예인들의 동정에 대한 이야기를 하는 데 대부분의 시간을 보낸다. 실제로 인터넷 속에서 자기들만의 관심에만 빠져있으며, 세계 전체에서 일어나고 있는 큰 흐름을 인식하

지 못한다. 글로벌 보이스의 창시자인 에단 주커맨(Ethan Zuckerman)
은 세계화를 위한 인프라가 갖추어져 있음에도 불구하고, 세계인들
이 세상에서 수많은 언어로 교환되고 있는 다양한 정보들을 활용하
지 못하는 문제를 해결할 방법의 하나로 글로벌 보이스(Global Voices)
를 열었다.

　글로벌 보이스는 세계인들이 번역을 이용하여, 다른 나라의 중요
한 소식들을 모국어로 공유하는 실제 사례를 보여준다. 2005년에 시
작된 글로벌 보이스의 활동을 보면, 실제로 전 세계인들이 이와 같
은 활동을 활발히 실천하고 있음을 확인할 수 있다.

　글로벌 보이스는 전 CNN 베이징 지국, 도쿄 지국장이었던 레베카
맥키넌(Rebecca MacKinnon)과 IT 기술자이며 아프리카 지역 전문가인
에단 주커맨이 공동 창립했다. 현재 글로벌 보이스는 전 세계에 3백
명이 넘는 온라인 기고가와 번역가들의 모임으로 하버드대학의 버
크만 센터가 후원하고, 로히터 통신과 맥아더 재단의 지원을 받고
있다. 글로벌 보이스는 전 세계의 각 나라에서 일어나고 있는 뉴스
와 온라인상의 이슈들을 온라인 기고가들이 올리고, 자원 번역가들
이 15개의 언어로 번역하고 있다.

　우리나라도 2010년 10월부터 글로벌 보이스에 참여하고 있다. 예
를 들면, 김민지(2010.10.4)는 일본어로 올라온 '일본: 있으나 마나한 유
급 휴가'라는 기사를 한국어로 번역하여 일본 소식을 전하고 있다. 최
지윤(2010.10.8)은 중국어로 올라온 기사를 영어로 번역한 것을 다시
한국어로 번역하여, '중국: 휴대폰 실명제에 불안한 시민들'이라는 제
목의 기사를 올렸다. 또 최지윤(2010.10.11)은 '나이지리아: 석유를 따
라 돈은 흘러들어 오지만, 가난은 지속된다.'라는 영어로 되어 있는

영어학자의 눈에 비친 한국어의 힘

나이지리아의 경제에 관한 기사를 한국어로 번역하여 올렸다. 반대로 이유은(2010.10.13)은 트위터와 페이스북 때문에 점점 어려워지고 있는 한국의 소셜네트워크 시장의 상황을 영어로 세상에 전한다.[26]

이 모든 활동들은 이제 우리가 영어와 함께 다양한 언어로 소통되고 있는 세계의 소식들을 국민들에게 한국어로 전달할 수 있는 방법들을 더 적극적으로 찾아야 함을 보여주는 예이다.

세계 소식을 중국어로 전하는 중국의 '예안'

중국에는 예안(Yeeyan)이라는 모임이 있다. 예안은 십오만 명의 자원 봉사자들로 구성되어 있다. 이들 봉사자들은 영문으로 된 신문이나 웹사이트의 글 중에서 가장 흥미로운 글을 찾아서 하루에 약 백 개씩을 번역해서 중국어로 올린다. 이들은 보수를 받지 않고 번역을 한다. 예안은 장 레이가 구상했다. 그는 티베트 라사 폭동 기간 중 미국에 있었는데, 그때 미국 언론의 편향된 보도에 놀라움을 금치 못했다. 장 레이는 "지금 할 수 있는 일이 하나 있다면, 그건 번역을 시작하는 것입니다. 그럼으로써 양국의 국민들은 서로를 더 잘 이해하기 시작할 것입니다"(쥬커맨, 2010)라고 말했다.

지금 우리는 '인터넷'과 '핸드폰'이라는 제3의 정보혁명의 물결 속에서 다시 한 번 세계의 선두에 서 있다. 우리에게 주어진 과제는 이 도구를 활용하여 한국의 정보 민주화와 국제화를 얼마만큼 이루어

---

26 http://globalvoicesonline.org/2010/10/13/south-korealocal-twitter-and-facebook-alike-facing-an-uphill-battle

내느냐이다. 이는 전 국민에게 영어 교육을 시켜, 나라 전체를 영어로 획일화시키는 것에 있지 않다. 한국의 정보 민주화는 한국어와 한글로 다양하고 유익한 정보들을 국민들이 쉽게 교환할 수 있는 방법을 모색하는 것에 있다.

인터넷과 핸드폰은 우리가 가진 정보를 매우 빠르게 여러 사람에게 전달하는 강력한 힘을 가지고 있다. 국가별로 인구 당 인터넷을 사용하는 비율은 2010년 현재 우리나라가 95%로 OECD 국가 중 1위이다. 2위는 스웨덴으로 75.6%, 3위가 일본으로 75.3%이고, 미국은 9위로 44.4%이다.[27] 우리는 정보교환을 위한 인프라를 누구보다 탄탄히 가지고 있다. 또한 정보화에 유리한 한글을 가지고 있다. 남은 일은 가능한 한 많은 한국인들이 영어 실력에 상관없이 한글과 한국어로 쉽고, 빠르게 세계의 정보를 공유하고, 민주적인 정보교환을 할 수 있는 환경을 만드는 일이다.

이를 위해서는 '번역'이라는 수단을 이용할 수 있다. 오늘날 인터넷에 올라 있는 정보들은 영어로만 되어 있지 않다. 점점 더 각 나라들은 자국의 언어로 인터넷 활동을 하고 있다. 영어에만 의존하면, 중국어와 일본어, 스페인어와 아랍어 등으로 전해지는 생생하고 중요한 정보들을 놓치는 실수를 범하게 될 것이다. 우리는 다양한 외국어를 번역할 수 있는 번역 인력들을 길러야 한다. 그리고 번역을 통해 일반 민중들이 여러 언어로 된 중요한 소식들을 한국어로 얻을 수 있게 해야 한다. 국민들에게 세계의 정보를 알고 싶으면, 영어를 공부해서 직접 얻으라고 말하는 것은 정부와 지식인 그룹이 자신의

---

[27] OECD Broadband statistics: https://www.oecd.org/sti/ict/broadband

책임을 각각의 국민에게 전가하는 무책임한 일이다. 정부와 지식인 그룹은 자신들이 접할 수 있는 중요한 정보들을 일반 국민들과 한국어로 공유할 수 있는 방법을 마련해야 한다.

세계화와 정보화 시대에 영어가 중요하다는 사실은 누구나 안다. 다만 한국의 영어공용화에 대해 우려하는 이유는 다음의 세 가지를 알고 있기 때문이다. 첫째, 영어공용화는 영어교수법이 아니다. 둘째, 국제사회에서 가장 효과적인 국제어는 영어가 아니라 서로의 모어이다. 셋째, 영어만 유일한 국제어가 아니다.

싸고 쉬운 영어 교육 방법

『동아일보』가 2000년 1월 동아닷컴과 리서치앤리서치사에 의뢰하여 네티즌을 대상으로 영어공용화에 대한 의견을 조사한 결과 63.1%가 찬성했다. 그리고 그 후로 영어공용화에 찬성하는 비율은 계속 비슷한 수준에 머물고 있다.

지식인들 사이의 격렬한 갑론을박에도 불구하고, 일반 국민들 사이에서 영어공용화론이 지지를 받는 이유는 간단한 경제논리 때문이다. 즉 영어공용화란 적은 비용과 적은 노력으로 영어를 잘 하게 만들어주는 '싸고 쉬운 영어 교육 방법'이라는 생각에서 찬성하는 것이다. 일반인들은 영어를 공용어로 하면 어마어마한 사교육비를 들이지 않아도 모든 국민이 영어를 저절로 잘하게 될 것이라고 생각한다. 그리고 이런 잘못된 생각에 빠지게 된 이유는 영어공용화론자들이 들고 나온 필리핀이나 싱가포르 같은 동남아 국가들의 사례 때문이다.

물론 1, 2백 년 이상 영국의 식민지였던 동남아 국가에는 영어를 모어로 사용하는 사람의 숫자가 우리나라에 비해서 많다. 영어를 제1언어(모어)로 사용하는 인구수가 가장 많은 7개의 나라는 미국, 영국, 캐나다, 호주, 아일랜드, 남아프리카공화국, 뉴질랜드 순이다. 그리고 그 다음이 필리핀(8위), 싱가포르(11위), 인도(20위), 홍콩(21위)이다.[28] 그러나 영어를 모어로 사용하는 인구의 비율을 살펴보면, 이것이 한국인들이 모델로 삼을 수 있는 나라가 아니라는 것을 곧바로 알 수 있다.

	총인구수	영어 제1언어 사용자수	영어 가능자수	비고
필리핀	97,000,000	3,427,000 (3.53%)	49,800,000 (55.46%)	2000 인구조사
싱가포르	5,076,700	665,087 (13.1%)	4,061,360 (80%)	2010 인구조사
인도	1,100,000,000	226,449 (0.02%)	100,226,449 (10.01%)	2001 인구조사
홍콩	6,963,100	200,000 (2.87%)	2,500,000 (35.9%)	1996 인구조사
미국	262,375,152	215,423,557 (82.1%)	251,388,301 (95.81%)	2000 인구조사

자료: http://en.wikipedia.org/wiki

표에서 확인할 수 있는 것처럼 1, 2백 년 이상 영국의 식민지였던 동남아 국가에서 영어를 제1언어(모어)로 사용하는 사람의 비율은 싱가포르가 13%로 가장 높고, 나머지 나라들은 모두 전체 인구의 3.5% 이하에 불과하다. 그나마 싱가포르가 10%를 넘는 비율을 유지하는 이유는 싱가포르의 인구가 5백만 명으로 서울의 1/2에 해당하는 작은 도시국가이고, 50년 이상 독재에 가까운 강력한 언어정책을 실시

28 http://en.wikipedia.org/wiki/List_of_countries_by_English-speaking_population

했기 때문에 가능한 숫자였다.

영어 가능자는 그 정의에 따라 그 숫자와 영어능력의 정도가 매우 유동적이다. 필리핀은 전체 인구의 55% 정도가 영어 사용 가능자로 되어 있는데, 영어로 의사소통이 원활한 사람의 비율은 중·고등학교 졸업자 중 7%라고 한다.(모종린: 8쪽) 이는 필리핀 전체 인구로 보아도 영어를 원활히 하는 사람이 7% 정도라는 것을 의미한다. 싱가포르의 경우, 영어 가능자가 80%라고 하는데, 이들이 쓰는 영어는 상당 부분이 영어 변종어인 싱글리시이다.(굽타, 2011) 인도의 경우, 영어를 조금이라도 할 줄 아는 사람은 전체 인구의 10%에 불과하다.

이 모든 데이터는 영어공용화를 백 년 이상 실시해도 어느 정도 영어를 사용할 수 있는 사람이 50%를 넘기 힘들다는 것을 보여준다. 이는 역으로 동남아의 영어공용화 국가들에서 영어 능력이 없는 나머지 50%는 모든 중요한 정보와 사회 참여의 기회로부터 소외당하고 있다는 뜻이다. 영어공용화로 모든 국민의 영어 수준을 평등하게 높이는 것은 불가능한 일이다. 한국에서 영어공용화를 실시할 경우, 50년이 지나도 한국인 중 1/2은 영어의 혜택을 보지만, 나머지 1/2은 영어를 여전히 잘 못해 차별 받게 될 수밖에 없다고 하면, 우리 국민들 중에서 영어공용화를 찬성할 사람은 그리 많지 않을 것이다.

동남아 국가들의 사례는 영어공용화가 모든 국민이 평등하게 그리고 적은 비용으로 영어를 배우도록 도와주는 영어 교육 방법이 아님을 증명하는 실제 사례이다. 영어공용화는 싸고 쉬운 영어 교육 방법이 아니다. 언어라는 것은 어느 한 구역, 어느 한 시점에서 이제부터 영어만 쓰기로 한다고 약속하고, 영어만 사용하도록 강제한다고 해서, 단숨에 혹은 아주 짧은 시간 내에 저절로 영어로 말이 나오

영어학자의 눈에 비친 한국어의 힘

고, 영어로 글이 술술 써지는 요술지팡이가 아니다. 인도는 2백 년 이상 영어공용화를 실시했지만, 영어를 조금이라도 할 줄 아는 인도 인은 전체의 10%에 불과하다. 150년 동안 영국의 식민지였던 싱가포 르가 해방 후 50년 이상 동안 독재에 가까운 영어 정책으로 국민을 다그쳤을 때, 이들이 사용하는 영어는 싱글리시라는 영어변종어로 탈바꿈했다. 동남아 국가들의 영어공용화 사례는 한국의 영어 교육 을 위한 모델이 될 수 없다.

인간의 상반된 두 가지 언어욕구

인간은 매우 상반된 두 가지 방향의 언어욕구를 가지고 있다. 하 나는 가능한 많은 사람들과 의사소통을 할 수 있도록 도와주는 공통 의 언어를 원하는 것이다. 영어를 원하는 것도 가능한 한 많은 외국 인들과 의사소통을 할 수 있기를 바라는 마음에서다. 다른 하나는 여러 사람과 의사소통을 하기를 원하면서도 동시에 이와는 정반대 로 아주 제한된 극소소의 사람들끼리만 자신들의 공통점을 공유하 고, 다른 사람들과 차별화할 수 있는 특별한 형태의 언어를 원한다. 루이 장 칼베(Louis-Jean Calvet) 교수는 이 두 방향의 언어욕구를 '국제 공용어 지향성'과 '방언 지향성'으로 구분하였다.(L. 칼베: 77쪽)

국제공용어 지향성 ◄───────────► 방언 지향성
(커뮤니케이션의 보조 기능)　　　　　　(집단의 귀속성 유지 기능)

국제공용어 지향성은 의사소통을 가장 큰 목적으로 삼는다. 가능한 한 여러 사람과 의사소통하기를 원하므로, 서로 간에 발음이나 어휘 선택 등의 언어적인 차이점이 감지되더라도 최대한 그런 차이들을 무시하고, 의사소통의 범위를 극대화하려고 노력한다. 반면에 방언 지향성은 소수의 집단 구성원 간의 정체성과 일체성을 가장 큰 목적으로 삼는다. 언어가 같더라도, 억양이나 발음과 같은 작은 부분에서라도 자기 집단과 타 집단을 차별화할 수 있는 차이들을 만들어내고, 그 차이를 기준으로 집단의 귀속성을 유지하고자 한다. 젊은이들이 사용하는 은어가 그 대표적인 예이다. 연배가 비슷한 또래 친구들끼리만 사용하는 은어는 구세대와 자신의 세대를 구분하고, 자신의 세대끼리의 연대감을 강화시키는 기능을 갖는다.

외국인들과의 교류에서도 이 두 가지 언어욕구가 똑같이 작용한다. 마음의 한편에서는 언어적인 특징에 상관없이 가능한 커뮤니케이션을 하고자 한다. 따라서 그 언어가 일본어이든 영어이든 상관없이 의사소통이 가능하게 하기 위한 최대의 노력을 한다. 그러나 동시에 서로 사용하는 언어에서 동질감은 느낄 수 있는가를 확인하고자 한다. 일본어, 중국어, 영어가 섞여 있는 상황에서는 일본어를 사용하는 사람들끼리 더 반갑고 가깝게 느껴진다. 모두 영어로 말하는 경우이더라도 영국식 발음과 미국식 발음을 하는 사람들이 섞여 있을 경우, 영국식 발음을 하는 사람끼리는 서로 조금 더 공통점이 있다고 느끼게 된다. 인간의 언어욕구 중 '국제공용어 지향성'은 스페인 사람과 한국 사람이 서로의 언어를 이해할 수 없을 때, 영어를 용인하고 이용하게 만든다. 그러나 '방언 지향성' 욕구도 그에 못지않은 힘을 가지고 있다. 스페인 사람이 '안녕하세요'로 우리에게 다가

영어학자의 눈에 비친 한국어의 힘

올 때, 'Hi'와는 비교가 안 되는 설득력을 가지게 된다.

한국인의 세계화를 방해하는 가장 큰 걸림돌은 세계와의 교류를 위해서는 영어 하나만 있으면 된다는 생각이다. 세계인을 감동시키는 최고의 공용어는 영어가 아니라 상대의 모어이다. 국제사회에서 우리가 외국인과 가장 효과적으로 교류할 수 있는 언어는 서로의 모어이다. 한국인에게는 한국어가, 중국인에게는 중국어가, 독일인에게는 독일어가, 그리고 아랍인에게는 아랍어가 가장 설득력 있는 언어이다. 독일인이나 스페인 사람과 영어로 대화할 수 있다. 그러나 이들과 더 긴밀한 유대감을 가지게 만드는 것은 영어로 대화할 때가 아니라, 독일어와 스페인어로 대화할 때이다.

세상에서 중국어가 가장 편한 사람은 9억 명, 스페인어와 영어가 가장 편한 사람은 각각 4억 명이다. 힌디어가 편한 사람은 3억 명 이상이며, 포르투갈어와 프랑스어가 편한 사람이 2억 명, 일본어가 편한 사람도 1억 5천 명 이상이다. 세상에서 영어를 모어로 하는 사람은 전 세계 인구의 5% 밖에 되지 않는다. 우리는 유럽인이나 아랍인, 중국인과 영어로 대화할 수 있다. 그러나 이들을 설득시키고 감동시킬 수 있는 가장 효과적인 언어는 영어가 아니라 그들의 '모어'라는 사실을 이해한다면, 전 국민의 영어 획일화가 우리의 국제화에 커다란 걸림돌이라는 것을 알 수 있다.

국제화 시대의 제2외국어

세상에는 영어만으로 통하지 않는 국제 사회가 많다. 또 영어가 국제적인 모임에서 통용되는 유일한 언어는 아니다. 유엔(UN)에서는 6개 언어를 국제 공용어로 사용한다. 유럽연합(EU)에서는 23개의 언어를 공식어로 인정하고 있다. 유엔에서 사용되는 국제 공용어는 영어, 프랑스어, 러시아어, 스페인어, 중국어, 아랍어의 6개 언어이다. 6개의 공용어 중에서 영어와 프랑스어는 공식어로서의 자격을 가지며, 유엔에서 나오는 모든 서적과 문서는 영어와 프랑스어 두 가지 언어로 동시에 작성된 후, 공용어로 사용되고 있는 나머지 러시아어, 스페인어, 중국어, 아랍어로 번역된다. 또한 회의 등에서는 6개의 언어로 동시통역된다. 한편, 유럽연합(EU)에서는 23개 가맹국 모두의 언어를 존중한다. 유럽연합은 그리스어, 네덜란드어, 덴마크어, 독일어, 라트비아어, 루마니아어, 리투아니아어, 몰타어, 불가리아어, 스웨덴어, 슬로바키아어, 슬로베니아어, 아일랜드어, 에스토니아어, 스페인어, 영어, 이탈리아어, 체코어, 포르투갈어, 폴란드어, 프랑스어, 핀란드어, 헝가리어의 23개 언어를 공식 언어로 인정하고 있다.

21세기를 세계화와 국제화 시대라고 한다. 이는 21세기가 '언어의 시대'라는 뜻이기도 하다. 21세기에는 과거 어느 때보다 국민의 다양하고 심화된 외국어 능력을 요구한다. 그러나 현재의 영어 편중화가 한국인들의 외국어 능력을 절름발이로 만들고 있다. 진정 한국이 국제무대에서 세계인들과 함께 호흡하며, 그들을 감동시키고 그들과 함께 가장 효율적인 교류를 하고 싶다면, 다양한 외국어의 능력자를 훨씬 더 많이 길러내야 한다. 지금처럼 영어에 편중된 외국어 정책으로는 66억 세계인들의 귀한 정보를 얻을 수 없으며, 그들과 교류함으로써 한국의 국제화를 이끌어갈 수도 없다.

그러나 현재 우리나라에서 영어를 제외한 나머지 외국어 교육은 거의 전멸 상태이다. 30년 전에 있었던 고등학교에서의 제2외국어 교육은 형식적으로만 남았고, 대학에서도 영어를 제외한 나머지 어문학과는 사멸 위기에 처해 있다. 국어국문과도 사멸 위기 리스트에 포함되어 있다. 영어뿐만 아니라, 지금까지 외면해 온 독일어와 프랑스어, 스페인어와 이탈리아어, 아랍어와 힌두어, 그리고 더 많은 세상의 언어에 눈을 돌려, 국민들이 다양한 외국어에 관심을 가지고 다양한 외국어 능력 증진에 힘을 쓸 수 있도록 지원해야 한다.

한국어의 국제화

현재 국제 사회에서 국제 공용어는 유럽어 중심으로 되어 있다. 대부분의 책자에서 국제어는 영어, 불어, 스페인어, 러시아어, 독어 등 주로 유럽어를 지칭하고, 동양어 중에서는 중국어가 국제어 목록에 올라있다.(L. 칼베: 137쪽) 우리가 국제 공용어와 관련하여 유념해야 할 또 하나의 문제는 이제 한국어가 국제어의 대열에 낄 수 있도록 노력해야 할 시점이라는 사실이다.

이는 국제기구에서 한국어가 공용어나 공식어로 사용될 수 있도록 한국어의 지위를 높임으로써 이루어질 수 있다. 그렇다면 지금까지 국제기구에서 한국어가 공식어로 채택된 경우가 있을까? 유엔의 16개의 산하기관 중의 하나인 세계지식재산권기구(WIPO)는 10개의 공식어를 인정하고 있는데 거기에는 한국어도 포함되어 있다. WIPO의 회원국은 현재 184개국이며, 2007년 9월 27일 스위스 제네바에서 열린 WIPO의 총회에서 한국어가 포르투갈어와 함께 '국제공개어'로 채택되었다. '국제공개어'는 출원된 특허기술이 어떤 것인지 국제사회에 알릴 때 사용하는 특허계의 공용어인데, 그전까지는 유엔의 공용어에 일본어와 독일어를 포함한 모두 8개 언어만이 국제공개어로 쓰였다. 이제 한국어도 포함되어, 세계 10대 언어의 하나로 자리매김을 하게 되었다. 비록 특허 분야에 국한된 것이긴 해도 국제기구에서 한국어가 공식 언어로 인정을 받은 최초의 사례로 매우 뜻 깊은 일이다. 국제무대의 커뮤니케이션에서 우리에게 가장 유리한 언어는 한국어이다. 한국어가 점차 다른 분야에서도 세계의 공용어로 인정되어, 국제사회에서 한국인들이 언어로 인한 불이익에서 좀 더 자유로워질 수 있도록 노력해야 한다.

바른 국제화를 위해서는 세 가지가 필요하다. 첫째는 영어가 유일한 국제어가 아니라, 수많은 세계 공용어 중 하나라는 것을 정확히 인지해야 한다. 둘째는 세계인들과 그들의 모어로 만날 수 있도록 우리의 외국어 능력을 다양화하는 것이다. 셋째는 우리가 외국인의 모어를 배려하는 만큼 외국인도 우리의 한국어를 배려하는 상호적이고 평등한 국제 관계를 만드는 것이다. 이를 위해 가장 먼저 해결해야 하는 문제는 우리 스스로가 한국어를 존중하는 것이다. 그리고 한국어와 세상에 존재하는 다양한 언어를 영어와 동등한 지위로 받아들여야 한다.

영어학자의 눈에 비친 **한국어**의 힘

모어 화자 수순 언어 목록(위키백과, 2010.8.15)

언어	주요 사용 국가	모어 화자수	추정 순위
중국어	중국 중화민국 싱가포르 홍콩 미카오	8억 4,000만	1
스페인어	스페인 멕시코 과테말라 엘살바도르 온두라스 코스타리카 니카라과 쿠바 도미니카 공화국 파나마 콜롬비아 에콰도르 베네수엘라 페루 칠레 볼리비아 파라과이 우루과이 아르헨티나 푸에르토리코 적도 기니 서사하라 미국(뉴멕시코,텍사스,캘리포니아,플로리다, 애리조나,네바다주) 필리핀 안도라	4억 2,000만	2
영어	영국 오스트레일리아 뉴질랜드 남아프리카 공화국 인도 자메이카 벨리즈 잠비아 감비아 수단 말레이시아 브루나이 싱가포르 미국 필리핀 캐나다 아일랜드 나이지리아 탄자니아 트리니다드 토바고	3억 4,000만	3
힌디어	인도 파키스탄 피지	3억 1,500만	4
아랍어	알제리 바레인 차드 코모로 지부티 이집트 에리트레아 이라크 이스라엘 요르단 쿠웨이트 레바논 리비아 모리타니 모로코 오만 팔레스타인 카타르 사우디아라비아 소말리아 수단 시리아 튀니지 아랍에미리트 서사하라 예멘	2억 3,000만	5
포르투갈어	포르투갈 브라질 모잠비크 앙골라 상투메 프린시페 기니비사우 카보베르데 동티모르 마카오	1억 8,100	6
프랑스어	프랑스 캐나다 콩고 민주 공화국 코트디부아르 마다가스카르 카메룬 부르키나파소 니제르 세네갈 벨기에 차드 말리 기니 르완다 아이티 부룬디 베냉 스위스 토고 중앙아프리카 공화국 콩고 공화국 가봉 코모로 지부티 룩셈부르크 바누아투 세이셸 모나코 라오스 베트남 캄보디아 모로코	1억 7500만	7
일본어	일본 팔라우 중화민국 괌(중화민국과 괌은 30% 이상 모어로 쓰고 90% 이상은 제2언어로 쓴다.)	1억 5,400만	8
러시아어	러시아 벨라루스 카자흐스탄 키르기스스탄	1억 5,200만	9
벵골어	방글라데시 인도(웨스트벵골 주 및 트리푸라 주)	1억 5,143만	10
한국어	대한민국 조선민주주의인민공화국 중화인민공화국(동북 3성 일부)	7,800만	16

|6| 한국인의 영어 해법, 플레인 잉글리시[29]

영어공용화의 거센 바람을 타고, 영어를 모어처럼 해야 한다는 부담감에 시달리는 한국인들을 다시 역으로 세뇌시켜야 할 때가 되었다. 한국인의 모국어는 한국어이며, 영어는 외국어라고. 그리고 우리는 영어 교육의 목표를 모어에서 외국어로 내려놓아야 한다고.

영어를 모어 수준으로 해야 한다고 생각하는 한, 영어 태교에서부터 영어 조기교육까지 무리하지 않을 수 없다. 그러나 영어를 외국어로서 인식하면, 이런 무리수를 두지 않아도 된다. 외국어를 배우는 것은 모어를 배우는 것과는 그 목표도 다르고, 또 그 방법도 다르다. 그러니 뱃속에서부터 혹은 유치원에서부터가 아니면 안 된다는 혹은 원어민 교사가 아니면 안 된다 조건에서 자유로울 수 있다.

영어의 힘

『옥스퍼드 영어사전(The Oxford English Dictionary)』의 편집자였던 로버드 버치필드(Robert Burchfield)는 현대 영어의 영향력에 대해 다음과 같이 말했다.

영어는 국제공용어가 되었다. 아무리 학식 있는 교육받은 사람이라고 하더라도 영어를 모르면 실질적인 의미에서 혜택을 받을 수 없다. 사람들은

---

29 이 부분은 저자의 저서, 『Plain English 쉬운 영어』(2009)를 부분적으로 요약한 것임.

영어학자의 눈에 비친 **한국어**의 힘

가난과 기아 그리고 천재지변이 얼마나 잔악하며 파괴적인가를 즉각적으로 알 수 있다. 그러나 언어적 박탈은 그보다 훨씬 알아차리기 어렵다. 비록 그 파괴력이 무시할 수 없을 만큼 큰 것이지만. (버치필드: 160쪽)

아무도 버치필드의 말을 반박할 수 없다. 누구나 현재 세상에서 가장 큰 힘을 가지고 있는 언어가 영어라는 것을 안다. 백 년 전만 해도 영어가 세계의 공용어가 될 것이라고 예측한 사람은 거의 없었다. 앞으로도 100년 후에 영어가 여전히 국제 간의 교류를 위해 가장 많이 사용되는 언어로 남아있을지는 알 수 없다. 그러나 지금은 영어가 국제 관계에서 가장 널리 사용되는 언어이다. 현재 인터넷 콘텐츠의 70% 이상이 영어로 되어 있다. 또한 영어는 유엔뿐만 아니라 유럽연합(EU)에서도 가장 핵심적인 공용어이다. 그리고 1만 3천여 개의 국제기구 중에서 85% 정도가 영어를 공용어로 사용하고 있다. 어느 나라 사람을 만나든 서로 상대방의 나라말을 모르는 경우 가장 먼저 시도하는 매개어도 영어이다.

우리는 더 이상 한반도 안에서 한국인들끼리만 살 수 없으며, 세계인들과의 커뮤니케이션을 위해 영어가 필요하다는 것을 잘 알고 있다. 다만 우리가 조심해야 할 것은 영어 헤게모니에 빠지지 않으면서, 영어 능력을 기르는 방법을 모색해야 한다는 점이다.

외국인을 위한 쉬운 영어

20세기에 들어서 영어가 국제어로 등장하면서, 영어가 모어가 아닌 사람들이 영어를 좀 더 쉽게 배우고 사용하기 위한 여러 가지 시도가 있었다.

그 첫 번째 시도는 찰스 케이 오그덴(Charles Kay Ogden)이 제안한 베이직 잉글리시(basic English)였다. 오그덴은 1930년에 『규칙과 문법 입문서(A General Introduction with Rules and Grammar)』라는 책에서 외국인들이 빠른 시간에 영어를 습득하고 국제어로 사용할 수 있도록 영어를 단순화시킨 베이직 잉글리시를 제안했다. 베이직 잉글리시는 단어수를 기초단어 850개로 제한하고, 일반 영어와 가능한 한 비슷하게 하려고 노력하면서 영어 문법을 단순화시킨 영어이다. 예를 들면 영어에서 복수는 언제나 ~s를 붙이고 ~es, ~ies 등은 사용하지 않으며, 부정어를 만들기 위해서는 언제나 un~을 사용한다. 오그덴이 비영어권의 사람들이 영어로 의사소통하는 것을 도와주기 위해 베이직 잉글리시를 고안했고, 제2차 세계대전 이후 윈스턴 처칠과 프랭클린 루즈벨트가 베이직 잉글리시를 국제어로서 사용할 것을 제안하기도 했다. 그러나 베이직 잉글리시는 실제로 널리 활용되지 못했다. 그 이유는 베이직 잉글리시가 너무 제한된 단어와 단순하게 조작된 문법으로 이루어져 있어서, 생존 영어 수준을 벗어나기 어려웠기 때문이다.

최근에 외국인을 위한 쉬운 영어를 제안한 사람은 프랑스인이면서 IBM 유럽본부 부사장과 IBM USA 국제 마케팅부 부사장을 역임했던 장폴 네리에르(Jean-Paul Nerrière)였다. 그는 국제 업무를 수행하기 위해 영어가 얼마나 필수적인지를 누구보다 잘 아는 사람이었다. 그는 외국인으로서 영어로 업무를 처리하기 위해서는 영어를 모어 수준으로 하지 않아도 된다는 것을 강조하며, 『글로비쉬로 말하자(Don't speak English, Speak Globish)』를 책으로 출판하여, 외국인은 글로

영어학자의 눈에 비친 한국어의 힘

비쉬를 사용하는 것으로 충분하다고 제안했다. 글로비쉬는 일종의 단순화된 영어이다. 단어를 1천 5백 개의 단어로 제한하고, 영어 회화를 위해 꼭 필요한 가장 기본적인 영어문법에 집중할 것을 제안했다. 네리에르는 글로비쉬로 방대한 지식에 접근하거나 문학작품을 읽는 기쁨을 맛볼 수는 없지만, 복잡하지 않은 실제 대화에서 기본적인 의사소통을 자유롭게 할 수 있는 영어로서 충분하다고 말한다.

영어를 모어로 하지 않는 사람들의 영어 부담을 줄이기 위한 이와 같은 움직임들이 나라 안팎으로 지속되고 있다. 이런 움직임은 우리 모두 관심을 기울여야 할 중요한 이야기들을 담고 있다.

영국인과 미국인을 위한 플레인 잉글리시 운동

외국인을 위한 쉬운 영어에서 한 걸음 더 나아가 1970년대에 영국에서는 영국인들을 대상으로 플레인 잉글리시 운동이 펼쳐지기 시작하여, 지금은 영어권의 나라에서 중요한 언어 순화 운동으로 자리 잡았다.

영국의 플레인 잉글리시 운동은 일종의 영어 순화 운동이다. 플레인 잉글리시는 명확한 단어와 짧은 문장을 사용하여 누구나 쉽게 이해할 수 있는 영어 사용을 목표로 한다. 영국의 메이어(Chrissie Maher)는 리버풀에서 지역 활동을 하던 중 정치가, 정부 관료, 법률가, 경제인들이 일반 서민의 문제를 다룰 때 너무 복잡한 문장과 전문적인 용어를 함부로 사용하고 있으며, 서민은 어려운 영어를 이해하지 못한다는 이유만으로 부당하게 손해를 보고 있다는 것을 알게 되었다.

플레인 잉글리시 운동은 영국의 정치, 경제, 의료, 법률 등 전 분야에서 어려운 영어를 거부하고, 간단하고 쉬운 영어 사용을 확산시키자는 민간차원의 운동이다. 영국의 플레인 잉글리시 운동은 일종의 언어 민주화운동이었다. 지난 60년 동안 우리나라에서 법조문의 어려운 한자 어휘를 쉬운 단어로 바꾼 언어순화운동과 같은 맥락의 운동이라고 할 수 있다.

플레인 잉글리시의 가이드라인은 어떻게 보면 유치할 만큼 간단하다. 첫째, 플레인 잉글리시는 짧고 쉬운 단어를 활용한다. 둘째, 플레인 잉글리시는 간결한 구를 선호한다. 셋째, 플레인 잉글리시는 인지적으로 더 쉽고 빠르게 이해할 수 있는 문장구조를 활용한다. 언어학자들의 실험 결과에 의하면 사람들은 일반적으로 수동문보다 능동문을 빨리 이해하고, 부정문보다 긍정문을 쉽게 인식하며, 긴 문장보다 짧은 문장을 잘 해석한다. 플레인 잉글리시는 따라서 능동문과 긍정문, 짧은 문장을 활용한다.

플레인 잉글리시의 가이드라인은 코넬 대학의 영문과 교수였던 윌리엄 스트렁크 주니어(William Strunk Jr.) 교수가 미국의 대학생들에게 제시한 글쓰기 지침이었다. 스트렁크 교수는 코넬 대학에서 영작문을 가르치면서, 1918년에 『문체의 원리(The Elements of Style)』라는 책을 출판했다. 이 책은 43쪽 분량의 매우 짧은 책이었는데, 그 안에 짧고 명확한 영어 작문에 대한 핵심 지침을 담고 있다. 스트렁크 교수의 제자이자 후에 퓰리처상을 받은 화이트(E. B. White)가 1959년 85쪽으로 증보된 수정판을 출판했다. 이 책은 천만 부 이상이 팔리면서 지금까지 미국 대학에서 영작문의 기본 교재로 사용되고 있다.

메이어의 플레인 잉글리시 캠페인은 민간 차원에서 시작된 운동

영어학자의 눈에 비친 한국어의 힘

이었지만, 그 파급 효과는 막대한 것이었다. 이제는 영국의 정치인들도 플레인 잉글리시를 영국 사회의 민주화에 반드시 필요한 전제 조건이라고 생각한다. 영국의 수상이었던 베로니스 대처(Baroness Thatcher)는 플레인 잉글리시를 다음과 같이 평가했다.

> 모든 인관 관계는 의사소통에 의존합니다. 조악한 글은 의사소통의 방해물입니다. 정부와 같은 큰 규모의 조직이 일반인들에게 전달하고자 하는 정보가 제대로 전달되지 않았을 때 파급되는 피해는 막대한 것입니다. 과장된 단어와 긴 문장, 그리고 긴 단락 때문에 내용이 불명료해지고 이해하기 어렵게 되는 경우가 매우 빈번히 일어납니다. 우리 모두가 쉬운 언어로 글을 쓴다면 우리의 생활은 훨씬 더 편안하고 능률적이 될 것입니다. 쉬운 언어가 좋은 정부를 만들기 위한 가장 기본적인 도구라고 말하는 것은 절대로 과장이 아닙니다. 몇몇 사람들은 화려한 문체와 까다로운 문장이 지적인 품위를 나타내는 표지라고 생각합니다. 그러나 그들은 틀렸습니다. 가장 훌륭한 필자는 과거에도 그랬고 지금도 그런 것처럼 글의 단순성에서 나오는 힘을 확고히 믿는 사람입니다. (전 영국 수상, 베로니스 대처)

플레인 잉글리시 운동이 영국에서는 민간 주도의 활동이었던 반면에, 미국에서는 정부차원에서 더 적극적으로 실시되었다. 특히 법률문서와 정부의 공문서 관리 분야에서 플레인 잉글리시 쓰기가 강조되었다. 미연방정부는 1976년에 정부의 문서들을 플레인 잉글리시로 작성할 것을 규정하는 '문서업무 감축 조례(Paperwork Reduction Act)'를 제정했다. 이 규정은 1995에 수정·보완되었으며, 그 목적을 11가지로 명시하고 있다. 그중 첫 번째 목적은 '개인과 단체 및 기관이 정부와 관련하여 정보를 수집할 때 문서업무의 부담을 최소화하기 위함'이며, 둘째는 '연방정부와 관련된 정보의 효용성을 최대화하고, 이런 정보의 활용으로 공공의 이익을 최대로 확보하기 위함'이다.

미국의 플레인 잉글리시 운동은 지방정부, 주정부, 그리고 연방정부 차원에서 이루어지는 것이 특징이다. 1998년 빌 클린턴 대통령은 행정부와 모든 관청에서 정부 문서를 작성할 때 플레인 잉글리시를 사용하도록 요구하는 규정을 발표했다. 이어서 부통령 엘 고어는 쉬운 언어 운동의 선두에 서서 '쉬운 언어 실천 연합(Plain Language Action Network, PLAN)'을 결성하였다. 이 조직은 정부의 기관을 대상으로 공무원들에게 플레인 잉글리시 작성법을 가르쳐 주기 위한 팀이었다. 현재 미국연방정부의 대부분의 기관들은 쉬운 언어 프로그램을 운영하고 있다.

한국인을 위한 플레인 잉글리시

영국과 미국은 플레인 잉글리시 운동을 실행하여 세 가지 효과를 얻고 있다고 말한다. 경제적 이익, 민주화의 확산, 상호 신뢰도의 증진이 그것이다. 수많은 다국적 기업들뿐만 아니라 미국과 영국의 정부가 플레인 잉글리시를 사용함으로써 시간과 비용을 크게 절약하는 경제적 효과를 보았다. 또한 일반 서민들은 정부의 행정, 어려운 법규, 그리고 급격히 발전하는 고급의 의학 정보들을 플레인 잉글리시로 접하게 됨으로써 사회의 민주화를 더욱 촉진시켰다. 그리고 플레인 잉글리시로 된 문서를 작성하고 업무를 처리하는 과정에서 공

영어학자의 눈에 비친 **한국어의 힘**

무원과 시민들이 서로를 더욱 신뢰하게 되었다.

그렇다면, 우리는 플레인 잉글리시로 무엇을 얻을 수 있을까? 제일 먼저는 영어에 대한 심리적인 부담을 줄이고, 영어에 들이는 시간과 비용을 줄이고, 그러면서도 영어 실력을 향상시킬 수 있다. 플레인 잉글리시로도 국제적인 거래를 원활하게 할 수 있을 뿐만 아니라, 그것이 더 적절한 방법이라는 것을 이해하면, 지금까지 영어가 어렵다고 느끼던 부담감을 줄일 수 있다. 어려운 영어는 배우는 데 시간이 많이 들기만 할 뿐, 그것을 제대로 연습할 시간을 허락하지 않는다. 그러나 플레인 잉글리시에 초점을 맞추면, 필요 이상의 복잡한 문법을 이해하다 끝나거나, 어려운 어휘를 암기하던 시간들을 간단한 문법과 쉬운 단어를 실제로 활용하는 데 들일 수 있다.

플레인 잉글리시 운동의 정신은 국제사회에서도 똑같이 적용된다. 영국에서 플레인 잉글리시 운동은 어려운 영어로 인해 발생하는 불평등을 해결하는 것이 목표였다. 영어가 세계 공용어가 되면서 국제사회에서 영어로 인한 불평등의 문제가 점점 큰 이슈가 되고 있다. 국제사회에서 플레인 잉글리시를 사용하는 것은 영어가 모어가 아닌 66억의 사람들의 부담을 최소한으로 줄이며, 세계인들의 커뮤니케이션을 지원하기 위한 국제사회의 언어 민주화운동이다.

우리나라에서 플레인 잉글리시 운동은 개인적인 차원뿐만 아니라, 국가적인 차원에서도 추진되어야 한다. 우리나라에서 영어 문제는 이미 개인 학습의 문제를 넘어서 전 국민의 경제와 정신을 좌지우지하는 범국가적인 이슈가 된 지 오래다. 미국과 스웨덴은 쉬운 언어 운동의 효과를 극대화하기 위해서 정부의 주도하에 이 운동을 전개했다. 우리도 영어 문제를 해결하기 위해서 정부가 나서야 한다.

우리나라 안에서는 교육부가 플레인 잉글리시를 기준점으로 삼아, 우리 영어 교육의 방향을 설정하고 영어 교육을 실행할 수 있다. 국제사회에서는 외교부가 여러 나라와 공조하여 외교문서나 공문서에서 플레인 잉글리시 사용을 확대해 나갈 수 있다. 국제사회에서 외교와 통상을 위해 영어 능력을 가진 사람들을 확보하는 일이 필수적이다. 그러나 국제사회에서 영어로 인한 불평등을 최소화하는 또 하나의 방법은 국제사회에서의 플레인 잉글리시의 실천이다.

우리말은 영어와 너무 달라서 배우기 어렵다고 한탄하거나, 우리의 영어 교육에 문제가 있다고 비판하거나, 영어 능력이 미국인 같지 않은 것을 부끄러워할 시기는 지났다. 국제사회에서 효율적인 커뮤니케이션을 하기 위해서 민간차원에서 그리고 국가차원에서 플레인 잉글리시를 선택해야 한다. 모든 국민의 영어 실력을 원어민 수준으로 끌어올려야 한다는 잘못된 목표를 버려야 한다. 이제 플레인 잉글리시에 눈높이를 맞추고, 플레인 잉글리시를 배우고 활용하는 데 주력해야 한다. 또한 대외적으로 국제사회에서도 서로 플레인 잉글리시로 공문서를 주고받을 수 있도록 우리도 실천하고 상대국에도 요구해야 한다. 실제로 유럽연합(EU)을 중심으로 유럽에서는 쉬운 언어를 사용하자는 운동이 적극적으로 추진되고 있으며, 이는 국제사회의 민주화의 한 과정이기도 하다.

우리가 플레인 잉글리시 쓰기에 눈을 돌려야 하는 이유는 단순히 어려운 영어로부터 도피하기 위해서가 아니다. 플레인 잉글리시 쓰기는 영어를 효율적으로 그리고 합리적으로 활용하기 위한 전 세계적인 추세이며, 우리가 국제 사회에서 가장 효율적으로 커뮤니케이션을 하기 위한 최선의 방법이기 때문이다.

글을 마치며

　한국어가 지금까지 한반도에서 담당한 사회적 역할을 중심으로 그 시대를 구분하면, '생활어 시대', '민족어 시대', 그리고 '국어 시대'로 나눌 수 있다. 제1기는 '생활어 시대'로 조선시대 말기까지이다. 이 시기에 한국어는 조선인의 생활어로만 사용되었을 뿐, 공식어의 역할을 담당하지 못했다. 한국어는 서민들이 애환을 나누는 언어로 사용되었으나, 중요한 지식을 전달하는 도구로 사용되지 못했으며, 교육기관에서 한국어가 교육된 적도 없다. 또한 민중의 권리를 규정하는 공문서에도 사용되지 못하여, 서민의 권리를 지키는 공식어로서의 힘을 가지지 못했다.

　제2기는 '민족어 시대'로, 일제 강점기 기간 동안이다. 민족어는 동일한 민족끼리 사용하는 언어를 말한다. 세계에는 6천 여 개의 언어가 존재하며, 이는 6천여 민족어가 있는 것이라고 말해도 크게 틀리지 않는다. 모어가 개인적인 차원의 언어 관점이라면, 민족어는 집단의식이 들어있는 언어 개념이다. 일제 강점기 동안 조선인들은 조선인의 정체성을 유지하고, 민족적 단결을 도모하는 구심점으로 한국어를 인식하고 활용하였다. 한국어는 조선인이 서로 귀속감을 형성하여 단결하고, 조선인으로서의 정체성을 확립하는 가장 중요한 근거였다. 또한 조선인의 민족교육을 위한 가장 중요한 도구였다. 그러나 한국어는 여전히 공식어로서의 역할을 하지 못했다. 일제 강점기 동안 조선의 공식어는 일본어였다. 조선의 국어 또한 일본어였다. 이 시기는 한국어가 민족어로서의 역할을 수행하였지만, 국어나 공식어로서의 역할을 하지 못한 때였다.

제3기는 '국어 시대'로, 1948년 대한민국 정부 수립 이후 지금까지이다. 국어는 국가 성립의 필요조건으로, 국가에서 국민이 공통적으로 사용하는 언어로 규정한 언어이다. 해방 이후 지금까지 한국어는 국가의 정체성을 찾기 위한 구심점으로, 국어의 역할을 담당하고 있다. 이 기간이 한국어가 처음으로 공식어로서, 민중의 교육과 민중의 정보 공유를 지원하는 도구로서 사용된 기간이다. 이 기간은 또한 미흡했던 한국어의 언어체계를 정비한 기간이기도 했다. 한문 투에 젖어 있던 문어체를 정비하는 언문일치 작업이 이루어졌다. 한자혼용으로부터 한글전용으로의 대 전환 작업도 이루어졌다. 60여 년에 걸친 이와 같은 언어 정비 작업은 한국어의 역사상 획기적인 일이었다. 한국어는 중국어와 일본어의 영향으로부터 자유로워졌으며, 한국은 한국어로 모든 공적인 생활이 가능해진 언어 민주사회가 되었다.

그러나 한국어는 겨우 공식어로 자리를 잡자마자 보호해야 할 대상이 되었다. 급하게 진행되는 세계화와 함께 영어 공용의 움직임이 확산되고 있기 때문이다. 오늘날 단일언어 국가는 매우 드물어서 그 예를 찾기가 쉽지 않다. 한국이 단일언어 국가라는 것은 세계적으로 매우 희귀하고 독특한 언어 상황일 뿐만 아니라, 언어 문제로 다른 나라들이 겪고 있는 수많은 분쟁과 걸림돌로부터 자유롭다는 점에

영어학자의 눈에 비친 한국어의 힘

서 무엇과도 바꿀 수 없는 장점이기도 하다. 혹자는 우리의 단일언어 사회가 21세기 세계화 시대에 큰 걸림돌이며, 이를 극복하고 이중언어 국가를 지향해야 한다고 말하기도 한다. 그러나 이는 세계의 이중언어 국가들이 언어로 인한 갈등과 분쟁으로 얼마나 많은 어려움을 겪고 있는지를 미처 알지 못할 때 나오는 의심에 불과하다. 그리고 이중언어 사회에서 필연적으로 일어나는 언어의 계급화와 사회분열의 역사를 모를 때에만 할 수 있는 제안이다.

이제 '국어 시대'를 넘어, '모국어 시대'를 향하여 다시 한 번 비약해야 할 시간이다. 일제 강점기에 한국어가 담당했던 '민족어'의 역할과 해방 후 '국어'의 역할에 치중하는 동안, 전체적인 시각에서 '한국어'의 기능을 다 보지 못하고 있었다. 지금은 '모어'로서의 한국어의 내적인(정신적인) 기능과 '국어'로서 한국어의 공식어 기능을 동시에 존중해야 할 시기이다. 모국어는 모어와 국어가 합성된 단어로, 모어의 기능과 국어의 기능을 모두 포함한다.

21세기 지식정보사회에서 한국어가 중요한 이유는 한국어가 모든 민중의 모어이자, 민중을 위한 공식어의 역할을 하고 있기 때문이다. 한국어는 한국인의 모든 정신활동의 근간이다. 지식을 습득하고 정보를 교환하는 것에서부터 삶의 의미를 탐색하는 예술 행위까지 한국인의 모든 정신활동은 한국어로부터 나온다. 이제 국가의 정체성을 찾기 위한 구심점이었던 국어로서의 한국어에서 한 걸음 더 나아가, 정신활동의 도구로서 모어의 힘에 더 많은 관심을 가져야 할 때이다. 그리고 공식어로서의 한국어의 힘을 더욱 키워야 할 시간이다. 한 국가의 지적인 능력과 민주화 능력은 국민의 모국어 능력과 비례한다.

김미경, 『대한민국 대표 브랜드 한글』, 자우출판사, 2006.

김미경, 『Plain English 쉬운 영어』, 써네스트, 2009.

김순임, 「2008 국민의 기초 문해력 조사 개요」, 『새국어생활』 제19권 제2호, 2009.

모종린, 「영어공용화의 의미와 영어상용화 실천 프로그램」, CFE Report, 2008.12. 19.

민현식, 「우리나라 국민의 국어능력 실태」, 『새국어생활』 제18권 제2호, 2008.

복거일, 『국제어 시대의 민족어』, 문학과지성사, 1998.

유길준, 허경진 역, 『서유견문: 조선 지식인 유길준 서양을 번역하다』, 서해문집, 2004.

윤치호, 좌옹 윤치호문화사업회 편, 『윤치호의 생애와 사상』, 을유문화사, 1998.

윤치호, 김상태 편역, 『윤치호 일기, 1916-1943: 한 지식인의 내면세계를 통해 본 식민지시기』, 역사비평사, 2001.

이연숙, 「일본어에의 절망」, 『창작과 비평』 통권 105호, 1999.

이연숙, 고영진 · 임경화 역, 『국어라는 사상』, 소명출판, 2006.

이희수 · 한유경 외, 『한국 성인의 문해실태 및 OECD 국제비교 조사연구』, 서울: 한국교육개발원, 2001.

정시호, 『21세기의 세계 언어전쟁』, 경북대 출판부, 2000.

홍윤표, 「한글 이름을 왜 훈민정음이라고 했을까요?」, 『쉼표마침표』 63호, 2011.2.

다나카 가쓰히코, 「언어와 민족은 분리할 수 있다는, 언어 제국주의를 지탱하는 언어 이론」, 미우라 노부타카, 가스야 게이스케 편, 이연숙 · 고영진 · 조태린 역, 『언어 제국주의란 무엇인가』, 돌베개, 2005.

미우라 노부타카, 가스야 게이스케 편, 이연숙 · 고영진 · 조태린 역, 『언어 제국주의란 무엇인가』, 돌베개, 2005.

미우라 노부타카, 「식민지 시대와 포스트식민지 시대의 언어 지배」, 마우라 노부타카, 가스야 게이스케 편, 이연숙 · 고영진 · 조태린 역, 『언어 제국주의란 무엇인가』, 돌베개, 2005.

우카이 사토시, 「김시종의 시와 일본어의 '미래'」, 마우라 노부타카, 가스야 게이스케 편, 이연숙 · 고영진 · 조태린 역, 『언어 제국주의란 무엇인가』, 돌베개, 2005.

영어학자의 눈에 비친 **한국어**의 힘

D. 네틀, S. 로메인, 김정화 역, 『사라져 가는 목소리들』(*Vanishing Voices: The Extinction of the World's Languages*, Oxford University Press, Inc. 2000), 이제이북스, 2003.

L. 바이스게르버, 허발 역, 『모국어와 정신형성』(*Muttersprache und Geistesbildung*, J. Leo Weisgerber, Gottingen: Vandenhoeck & Ruprecht: 1929), 문예출판사, 2004.

B. 스폴스키, 김재원·이재근·김성찬 역, 『사회언어학』(*Oxford Introduction to Language Study, Sociolinguistics*, Oxford Univ. press, 1998), 도서출판 박이정, 2001.

T. 스쿠트나브-캉가스, 「언어권: 최근 인권 문서들의 문제점과 논점들」, 마우라 노부타카, 가스야 게이스케 편, 이연숙·고영진·조태린 역, 『언어 제국주의란 무엇인가』, 돌베개, 2005.

A. 파브르, 「카탈루냐어와 한국어─동일한 투쟁」, 마우라 노부타카, 가스야 게이스케 편, 이연숙·고영진·조태린 역, 『언어 제국주의란 무엇인가』, 돌베개, 2005.

R. 필립슨, 「영어 제국주의의 어제와 오늘」, 마우라 노부타카, 가스야 게이스케 편, 이연숙·고영진·조태린 역, 『언어 제국주의란 무엇인가』, 돌베개, 2005.

S. 핑커, 김한영 외 역, 『언어본능』(*The Linguistic Instinct*, 1989), 그린비, 1994.

F. 칭, 「영어가 아시아의 성장을 도와줄 것이다」, 『파이스턴 이코노믹리뷰』, 2000.2.10.

L. 칼베, 김윤경·김영서 역, 『언어전쟁』(*Language Wars and Linguistic Politics*, Oxford University Press, 1998), 한국문화사, 2001.

Alsagoff, L., et. al. eds., *Society, Style and Structure in Language*, Singapore: Prentice Hall, 1998.

Burchfiedl, R., *The English Language*, Oxford: Oxford University press, 1985.

Collier, Virginia P, "Age and rate of acquisition of second language for academic purposes", *TESOL QUARTERLY* 21.4, 1987.

Combs, Mary Carol, et al., "Bilingualism for the Children: Implementing a Dual-Language Program in an English-Only State", *Educational Policy* Vol.19, No.5, 2005.

Cummins, Jim, "The role of primary language development in promoting educational success for language minority students", *Schooling and language minority students: A theoretical framework*, Los Angeles: California State University, National Evaluation, Dissemination and Assessment Center, 3-49, 1981.

Ferguson, Charles A., "Diglossia", *Word* 15, 1959.

Fishman, Joushia, "Bilingualism with and without Diglossia, Diglossia with and without Bilingualism", *Journal of Social Issues*, No.32, 1967.

Hinton, Leanne, "Involuntary language Loss Among Immigrants: Asian-American Linguistic Autobiographies", University of California, Berkeley.

Jong, Ester J. De and Mildidis Gort, and Casey D. Cobb, "Bilingual Education Within the Context of English-Only Policies: Three Districts'Responses to Questions 2 in Massachusetts", *Educational Policy* Vol.19, No.4, 2005.

Kim, Samuel, "First and Second Generation Conflict in Education of the Asian American Community", PhD dissertation, Columbia University, 2008.

Kuhl, P. K., Tsao. F.-M., & Liu, H.-M., "Foreign-language experience in infancy: Effects of short-term exposure and social interaction on phonetic learning", *Proceedings of the National Academy of Sciences* 100, 2003.

Man-Fat, Manfred Wu, "A Critical Evaluation of Singapore's Language Policy and its Implications for English Teaching", *Karen's Linguistics*, 2005 January, 2005.

Pakir, A., "English-Knowing Bilingualism in Singapore", in Alsagoff et al., 1998.

Phillipson, Robert, *Linguistic Imperialism*, Oxford: Oxford University Press, 1992.

Wright, Wayne E., "The Political Spectacles of Arizona's Proposition 203", *Educational Policy* Vol.19, No.5, 2005.

조선왕조실록, 국사편찬위원회 [Online]: http://sillok.history.go.kr
디지털 한글박물관 [Online]: http://www.hangeulmuseum.org

Gupta, Anthea Fraser, "Singapore Colloquial English (Singlish)", Language Varieties, [Online]:
http://www.hawaii.edu/satocenter/langnet/definitions/singlish.html, 2011

Jambor, P.Z., South Korean Education [Online]:
https://sites.google.com/site/southkoreaneducation

Kim, Young Suh, Wisdom of Korea [Online]: http://ysfine.com/wisdom

Roy, Deb, "The birth of a word", TED Talks, Mar 2011 [Online]:
    http://www.ted.com/talks/deb_roy_the_birth_of_a_word.html

Zuckerman, Ethan, "Listening to global voices", TED Talks, July 2010, [Online]:
    http://www.ted.com/talks/ethan_zuckerman.html

Ethnologue, Language of the World [Online]: http://www.ethnologue.com

General Household Survey, 2005 [Online]:
    www.singstat.gov.sg/pubn/popn/ghsr1/t20-24.pdf

KOF Index of Globalization [Online]: http://globalization.kof.ethz.ch

OECD Broadband statistics: https://www.oecd.org/sti/ict/broadband

PISA Report (2009), OECD Programme for International Student Assessment (PISA)
    [Online]: https://www.oecd.org/edu/pisa/2009

Wikipedia, The Free Encyclopedia [Online]:
    http://en.wikipedia.org/wiki/Main_Page

The World Factbook, Central Intelligence Agency [Online]:
    https://www.cia.gov/library/publications/the-world-factbook